海上设施工作人员
海上交通安全技能基本培训教材

中海油安全技术服务有限公司　组织编写

焦权声　杨立军　主　编

气象出版社

China Meteorological Press

内容简介

为了加强海上交通安全管理，提高海上设施工作人员基本专业技能，中海油安全技术服务有限公司根据《中华人民共和国海上设施工作人员海上交通安全技能培训管理办法》组织编写了本书。全书分为法规及安全作业、救生、消防三大部分，以《海上设施工作人员海上交通安全技能培训大纲》为依据，详细介绍了海上设施工作人员应该掌握的法律法规、安全应急、安全作业、环境保护、个体防护等基本知识以及急救、救生、逃生、消防等基本技能，旨在帮助受训学员顺利完成培训并通过评估考试，保证海上设施工作人员符合交通部海事局的要求。本书紧扣培训大纲，内容系统完整，言简意赅，重点突出，图文并茂，适合全体海上设施工作人员基本培训使用。

图书在版编目（CIP）数据

海上设施工作人员海上交通安全技能基本培训教材 / 焦权声，杨立军主编. -- 北京 : 气象出版社，2022.12（2023.4 重印）
ISBN 978-7-5029-7879-2

Ⅰ. ①海… Ⅱ. ①焦… ②杨… Ⅲ. ①海上交通－交通运输安全－教材 Ⅳ. ①U698

中国版本图书馆CIP数据核字(2022)第235380号

海上设施工作人员海上交通安全技能基本培训教材
HAISHANG SHESHI GONGZUO RENYUAN HAISHANG JIAOTONG ANQUAN JINENG
JIBEN PEIXUN JIAOCAI

出版发行：气象出版社			
地　　址：北京市海淀区中关村南大街 46 号		邮政编码：100081	
电　　话：010-68407112（总编室）　010-68408042（发行部）			
网　　址：http：//www.qxcbs.com		E-mail：qxcbs@cma.gov.cn	
责任编辑：彭淑凡		终　　审：吴晓鹏	
责任校对：张硕杰		责任技编：赵相宁	
封面设计：艺点设计			
印　　刷：北京中科印刷有限公司			
开　　本：710 mm×1000 mm　1/16		印　　张：13	
字　　数：255 千字			
版　　次：2022 年 12 月第 1 版		印　　次：2023 年 4 月第 2 次印刷	
定　　价：42.00 元			

本书如存在文字不清、漏印以及缺页、倒页、脱页等，请与本社发行部联系调换。

本书编审委员会

编写委员会

主　任：孙万岭

副主任：孟宪宽　刘英凡　李荣飞　任登涛　焦权声　杨立军　李松杰

委　员（按姓氏笔画排序）：

马海峰　王钊　王奇　王恒　王琛　王超　王辉
王旭辉　王顺红　王新军　公爱国　冯权　冯立卫　刘强
刘键　刘莉峰　祁超　孙伟博　孙宗宏　李栋　李云斌
李新军　杨兆俊　肖博　宋杰　张林　张绍广　陈强
苗玉超　苗红凯　依朗　金鑫　胡军　秦鹏　倪景伟
高立伟　高守一　高薇薇　崔少梅　葛坤　董德新　粟驰
焦龙　谭昆　谭志强　薛立勇

审定委员会

主　任：王伟

副主任：杨德兴　陈戎　司念亭　章焱　颜志华　周向京　王勇
隋浩辰　白文元

委　员（按姓氏笔画排序）：

于波　于小宁　王蓓　王大勇　王文鑫　王世坤　王宝琴
王彦杰　吕留成　朱荣东　朱海龙　刘缇　李海洋　张群
张志宽　张微微　陈木华　陈维权　周朗　宗芳　赵红玲
胡少林　姜显英　耿卉　高阳　高乐旭　郭峙材　常明童
潘云柯

主　编：焦权声　杨立军

副主编：董德新　苗红凯　公爱国

随着国家海运事业发展和海上交通安全管理形势的变化，船舶和海上设施数量大幅增多，且普遍向大型化、专业化发展，海上交通环境日益复杂，安全风险显著增加。2021 年 4 月 29 日，习近平主席发布第 79 号中华人民共和国主席令，《中华人民共和国海上交通安全法》由中华人民共和国第十三届全国人民代表大会常务委员会第二十八次会议修订通过，自 2021 年 9 月 1 日起施行。新修订的《中华人民共和国海上交通安全法》强化船舶和船员管理、明确海上搜救机制、强调责任追究制度、细化事故调查等。其中第十三条规定"中国籍船员和海上设施上的工作人员应当接受海上交通安全以及相应岗位的专业教育、培训"。

交通运输部为加强海上交通安全管理，提高海上设施工作人员专业技能，保障海上人命和财产的安全，防止海洋环境污染，依据《中华人民共和国海上交通安全法》、其他国际公约及国内法规，结合海上设施实际情况，制定了《中华人民共和国海上设施工作人员海上交通安全技能培训管理办法》，并于 2022 年 3 月 1 日起施行。

为了贯彻落实《中华人民共和国海上设施工作人员海上交通安全技能培训管理办法》，中海油安全技术服务有限公司组织编写了《海上设施工作人员海上交通安全技能基本培训教材》。本教材紧扣《海上设施工作人员海上交通安全技能培训大纲》，以简练的语言、图文并茂的方式，兼顾培训体系的系统性和完整性，帮助学员全面掌握海上设施相关法规及安全作业基本知识和消防、救生等基本技能，顺利完成培训和通过考试。

本教材共分为三部分。第一部分为"法规及安全作业"，重点讲述了海上设施工作人员需要遵守的法律法规要求、安全作业方法、应急程序、防止海洋污染、海上设施保安以及个人综合素养等知识；第二部分为"救生"，重点讲述了海上个人求生、直升机营救及遇险水下求生、海上设施工作人员转移和急救；第三部分为"消防"，重点讲述了海上设施及近海供应船上防火常识、灭火组织、灭火程序等内容。

本书由焦权声、杨立军担任主编，董德新、苗红凯、公爱国担任副主编，祁超、李云斌、高守一、倪景伟、李栋、孙伟博、王恒、肖博、孙宗宏、高薇薇、王奇、冯立卫、杨兆俊等参与编写。在编写本书的过程中，参考了大量的文献资料。在此，谨向有关作者、编者表示深深的谢意，并向出版这些文献资料的出版社致敬。

由于编者水平有限，不当之处在所难免，恳请读者批评指正，以求今后加以修订完善。

编者

2022 年 9 月

目　录

第三部分　消　防

第一部分
法规及安全作业

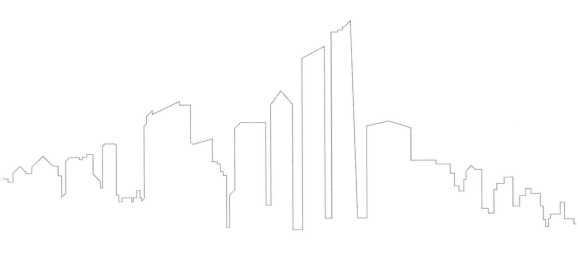

第一章

海上作业相关法律法规

随着国家海运事业、海上作业的发展和海上交通安全管理形势的变化，船舶和海上设施数量大幅增多，且普遍向大型化、专业化发展，海上交通环境、海上设施作业环境日益复杂，安全风险显著增加。加强海上交通、海上设施作业场所安全管理，保障海上作业人员生命和财产安全，防止海洋环境污染，国际和国内很多公约及法律、法规都对其进行了规定，主要有以下几个。

一、ISM 规则

ISM（International Safety Management）规则是国际海事组织第十八届大会通过的《国际船舶安全营运和防止污染管理规则》的简称（亦简称"国际安全管理规则"），英文全称是"the International Management Code for the Safe Operation of Ships and for Pollution Prevention"。

ISM 规则自 1998 年 7 月 1 日起已开始实施，至 2002 年 7 月 1 日起全面实施。规则的核心是要求公司及其船舶建立、实施和保持符合规则要求的安全管理体系，并通过主管机关的认可。

ISM 规则的主要特点是针对性、全面相关性和系统性。即针对航运公司的安全管理。航运公司要制定安全和防污染的目标、方针，并为实现这一目标建立和实施安全管理体系（SMS）；针对安全操作和维护保养，要建立、实施安全操作和维护保养的程序、须知，保证船舶的操作和维护规范化，满足强制性的国际、国内的规定和规则的要求；针对防止污染，在 SMS 中一定要包括防止污染的管理内容。同时，ISM 不仅从船公司的人事管理、海务管理和机务管理着手，规则还认为安全和防污染工作涉及全体船员和机关的全体员工，甚至涉及船旗国主管机关、港口国有关当局等。安全管理体系包括两个系统：安全操作系统和监督系统。

二、《中华人民共和国海上交通安全法》

《中华人民共和国海上交通安全法》（简称《海上交通安全法》）是为加强海上交通管理，保障船舶、设施和生命财产安全，维护国家权益而制定的法律。1983 年 9 月 2 日第六届全国人民代表大会常务委员会第二次会议通过，自 1984 年 1 月 1 日起施行。

2016 年，全国人大常委会对《中华人民共和国海上交通安全法》第十二条进行修改。2020 年 12 月修订版《海上交通安全法》向社会征求意见，根据社会反馈，增加了海上交通参与者应注意保护海洋生态环境、明确船长在疫情控制方面的职责和权力、修改强制引航范围等内容。2021 年 4 月 29 日，习近平主席发布第 79 号中华人民共和国主席令，新修订的《海上交通安全法》由中华人民共和国第十三届全国人民代表大会常务委员会第二十八次会议通过，自 2021 年 9 月 1 日施行。

新修订的《海上交通安全法》对于加快我国现代化交通强国建设、保障人民生命财产安全、提升国家形象有重大意义。强化船舶和船员管理、明确海上搜救机制、强调责任追究制度、细化事故调查等。该法的目标也出现重大变化，从事前制度规范、加强事中事后监管、强化应急处置等方面完善制度设计，全方位落实安全管理要求，相关要求进一步明确、细化，指导性更强，可操作性得到进一步提升。

三、《中华人民共和国海上交通事故调查处理条例》

《中华人民共和国海上交通事故调查处理条例》是为了加强海上交通安全管理，及时调查处理海上交通事故，根据《中华人民共和国海上交通安全法》的有关规定制定的条例，于 1990 年 1 月 11 日国务院批准，经 1990 年 3 月 3 日交通部令第 14 号发布。

《中华人民共和国海上交通事故调查处理条例》适用于船舶、设施在中华人民共和国沿海水域内发生的海上交通事故，包括事故报告、事故调查、事故处理、事故引起的民事侵权赔偿纠纷调解、事故罚则等内容。

四、《海洋石油安全管理细则》

国家安全生产监督管理总局令第 25 号《海洋石油安全管理细则》经 2009 年 8 月 24 日国家安全生产监督管理总局局长办公会议审议通过，于 2009 年 12 月 1 日起施行。

《海洋石油安全管理细则》是为了加强海洋石油安全管理工作，保障从业人员生命和财产安全，防止和减少海洋石油生产安全事故；适用于在中华人民共和国的内水、领海、毗连区、专属经济区、大陆架，以及中华人民共和国管辖的其他海域内从事海洋石油（含天然气，下同）开采活动的安全生产及其监督管理。

第二章

安全应急程序

第一节 应急的相关知识

一、应急的概念

应急的概念是对应于事故、可能发生的事故的危险提出的。所谓危险，分为人的危险、物的危险和责任危险三大类。人的危险可分为生命危险和健康危险；物的危险指威胁财产的火灾、雷电、台风、洪水等；责任危险是产生法律上的损害赔偿责任，一般又称为第三者责任险。归纳起来，危险是由意外事故、意外事故发生的可能性及蕴藏意外事故发生可能性的危险状态构成，这也是应急管理各环节工作的出发点。船舶及海上设施紧急情况大致可分为 4 类 23 种（表 2-1）。

表 2-1 船舶及海上设施紧急情况分类

火灾和海损类（7 种）	机损和污染类（6 种）	货物损害类（3 种）	人身安全类（7 种）
碰撞	主机失灵	货物移位	严重伤病
搁浅/触礁	舵机失灵	海难自救抛物	人员落水
火灾/爆炸	供电故障	危险货物事故	海盗或暴力行动
船体破损/进水	机舱事故		搜寻/救助
严重横倾	船舶溢油		进入封闭场所
恶劣天气损害	造成污染的意外排放		战区遇险
弃船/海上设施救生			直升机操作

由于海上、水上、船舶及海上设施危险可能涉及的范围很大，所对应的应急概念也很广泛，包括人命救助、财产救助、水域环境保护、应对灾害性天气、应对地质性灾难、船舶及海上设施和港口保安等，结合海事管理工作的特点，我们

习惯将海上应急和内河应急统称为海上应急，主要包括人命安全、船舶及海上设施安全、船舶及海上设施污染存在的危险和应急。

二、应急预案

应急预案指面对突发事件，如自然灾害、重特大事故、环境公害及人为破坏的应急管理、指挥、救援计划等。它一般应建立在综合防灾规划之上。其几大重要子系统为：完善的应急组织管理指挥系统；强有力的应急工程救援保障体系；综合协调、应对自如的相互支持系统；充分备灾的保障供应体系；体现综合救援的应急队伍等。

事故与应急通常联系在一起。对于事故所引起的危险或潜在的危险需要采取应急行动，以减少事故造成的损失或消除可能带来的对生命、财产和环境的危害。对海上险情采取应急行动如果不及时、不适当，则可能引发事故或扩大事故损失。

船舶及海上设施的应急预案包括应变部署表和应急计划（或程序）两部分内容。《国际海上人命公约》（SOLAS 公约）将同时包含弃船和消防的应急计划称为应变部署表（muster list），将船舶其他紧急情况预先制定的行动方案称之为应急计划（或程序）。

三、应变部署表/应急计划的基本内容

船舶及海上设施所处的环境复杂多变，随时可能发生各种危及船舶、海上设施和人命安全的紧急事件。为了避免严重后果，把损失减到最低程度，每一船舶及海上设施都应根据人员状况、设备情况编制应变部署表，明确指定每个人在紧急情况下应到达的岗位及执行的任务，并定期进行训练及应变演习，使预定方案变成人员的本能，从而在发生紧急情况时能迅速协同抢救，正确熟练地使用各种应急设备，有效地控制局面。

（一）船舶应变部署表基本内容

1. 船舶及船公司名称、船长署名及公布日期；
2. 紧急报警信号的应变种类及信号特征、信号发送方式和持续时间；
3. 职务与编号、姓名、艇号、筏号的对照一览表；
4. 航行中驾驶台、机舱、电台固定人员及其任务；
5. 消防应变、弃船求生、施放救生艇筏的详细分工内容和执行人编号；
6. 每项应变具体指挥人员的接替人；
7. 有关救生、消防设备的位置。

（二）船员的任务

SOLAS 公约规定，应变部署表应写明指派给每位船员的任务，包括：

1．船上水密门、防火门、阀、流水孔、船舷小窗、天窗、舷窗和其他类似开口的关闭；

2．救生艇筏和其他救生设备的配备；

3．救生艇筏的准备工作和降落；

4．其他救生设备的一般准备；

5．集合旅客；

6．通信设备的用法；

7．指定各防火区域的消防队人员；

8．使用消防设备及装置方面的专门任务。

应急计划的内容就是在上述项目的基础上作适当修改。

海上设施的应变部署表/应变计划可参照船舶应变部署表/应变计划编制。

四、应变部署表/应急计划的编制与公布

船舶应变部署表的管理是由船长总负责，大副具体负责。三副根据大副的部署意图，于船舶开航前编制应变部署表，经大副审核，船长批准签署后公布实施。

编制船舶应变部署表/应急计划时，船员具体职责的分配应遵循下述原则：

1．关键部位、关键动作派得力人员；

2．根据本船情况，可以一职多人或一人多职；

3．人员编排应最有利于应变任务的完成。

船舶应变部署表应张贴或用镜框配挂在驾驶台、机舱、餐厅和生活区内走廊的主要部位；在其附近，还应有本船消防器材布置示意图。为使应变中各级负责人熟悉所领导的人员及其分工，应将部署表中各编队（组）分别抄录发给各艇（队、组）长。

在客船或专用倒班船上，还应绘制出本船各层安全通道的路线图，图上应标明各梯口、出入口和各登艇点的位置和走向，张贴在旅客生活区（包括餐厅、休息室、主要走廊、重点舱室和其他旅客活动场所）各部位。在此附近和每个客房内均应挂有救生衣穿着示意图。在备用救生衣处（箱或柜）应有醒目标志。走廊内每隔适当距离，应标有指明通道走向的箭头标志并注明去向。

每名船员在床头墙壁上都应有一张应变任务卡。任务卡上有本人的船员应急编号、救生艇艇号、各种应变信号及本人在各种应变部署中的任务，如表 2-2 所示。

表 2-2　应变任务卡

编号：01	职务：船长	性别：男		艇号：02	筏号：02
弃船	信号	·······—　（七短一长）重复连放 1 min			
	任务	驾驶台、总指挥：携带账册及重要文件			

续表

编号：01	职务：船长	性别：男	艇号：02	筏号：02
火警	信号	··········短声连放 1 min 之后接火警方位信号		
		—船首 ——船中 ———船尾 ————机舱		
	任务	驾驶台、总指挥		
人员落水	信号	———（三长声）重复连放 1 min		
		———··人员左舷落水 ———·人员右舷落水		
	任务	驾驶台、总指挥		
溢油	信号	·——·（一短二长一短）重复连放 1 min		
	任务	驾驶台、总指挥		
堵漏	信号	——·（二长一短）		
	任务	驾驶台、总指挥：对外联系		
解除警报	信号	—（一长声）		

在乘客舱室中，应该张贴用适当文字书写的图解和应变须知，向乘客通告他们的集合地点，应变时必须采取的行动和救生衣的穿着方法等。

SOLAS 公约规定，船舶应变部署表的格式应经主管机关认可。我国规定，中国籍 200 总吨及以上的运输船舶都必须配备我国海事主管机关认可的统一印刷的货船或客船应变部署表。其他的船舶应急计划均由公司根据情况安排编制，但"船上油污应急计划"需经主管机关核准，属于国际安全管理（ISM）规则要求的安全管理体系（SMS）中的应急计划，需经主管机关审核。应急计划在船上的存放和公布，应遵照公约、船旗国规定、公司要求中的最高标准执行。

海上设施的应变部署表/应变计划可参照船舶应变部署表/应变计划编制。

五、各种警报信号及警报系统

（一）船舶常用的警报信号

船舶通常使用的下述警报信号，用报警器或汽笛发出，还可辅以有线广播（长声指历时 4～6 s 的笛声，短声为 1 s 的笛声，一组声号内的间隔为 1 s）。

1. 消防：警铃或汽笛短声，连放 1 min。为了指明火警部位，在消防警报信号之后，鸣一长声表示船的前部，二长声表示中部，三长声表示后部，四长声表示机舱，五长声表示上层建筑甲板。

2. 弃船：警铃或汽笛七短声一长声，连放 1 min。

3. 堵漏：警铃或汽笛二长声一短声，连放 1 min。

4. 人员落水：警铃或汽笛三长声，连放 1 min。

5. 溢油：警铃或汽笛一短二长一短，连放 1 min。

6. 解除警报：警铃或汽笛一长声持续 6 s 或以口头宣布。

对于其他紧急情况的警报信号，由公司根据情况规定，船员应通过培训和演习熟悉这些警报信号及本人的相应职责。

船上应急警报系统有全船性警报系统和局部性警报系统。全船性警报系统上通常挂接火灾自动警报系统、烟火探测自动警报系统、手动火警按钮和驾驶台警报器等。局部性警报系统主要有：主机、舵机、供电、锅炉等的故障自动警报系统，用于通知机舱值班人员照料和修理；机舱施放二氧化碳前的自动警报系统，用于通知机舱人员立即撤离。

感温式或感烟式火灾自动警报系统的探头遍布全船人员的生活和工作场所，通常装在舱室天花板上，切勿故意损坏或悬挂衣物，以免本室失火时不能自动报警而危及人命，妨碍全船的及时施救。手动火警按钮用途广泛，除主要用作火灾报警外，当人员在遇到任何需要向全船报警的紧急情况时，能方便地使用就近的火警按钮及时发出警报。手动火警按钮遍布于起居处所、工作场所和控制站，每一通道出口都装有手动火警按钮，每一层甲板的走廊内的手动火警按钮间的距离最多为 20 m。手动火警按钮均封闭在墙壁上的有机玻璃盒罩内，紧邻布置有小型太平斧等敲击器具。需要时，应不拘方式果断击碎玻璃面罩，按动火警按钮。

驾驶台警报器，用以按约定的警报信号召集船员。

除上述的声光警报系统外，船上还使用汽笛和有线广播报警。必要时，船钟、雾锣、口哨等均可用于报警。船员应熟悉各种形式的警报，以免延误宝贵的应急时机。

（二）平台应变信号

在平台上进行作业，除了要按照《国际海上人命安全公约》规定，使用船舶应变信号外，还必须同时使用平台上根据其可能出现的紧急情况规定的相关应变信号。

1. 听觉信号

使用这些信号通过中央控制室和平台各处的手动报警按钮进行手动报警。如表 2-3 所示。

表 2-3　听觉信号及其描述

信号名称	声响特征	符号描述
井喷	一短声两长声	·——
硫化氢泄漏（油气泄漏）	一短声一长声	·—
弃平台	七短声一长声	·······—
溢油	一短声两长声一短声	·——·

2. 视觉信号

视觉信号应通过安装在平台各处的状态灯（生产平台）来显示，钻井平台的硫化氢报警应设在中央控制室。如表 2-4 所示。

表 2-4　视觉信号及其状态

信号名称	颜色及设备	状态
火警	红色灯	长明
井喷	红色灯	闪烁
硫化氢泄漏（油气泄漏）	黄色灯（井平台为旋转紫灯）	闪烁
溢油	黄色灯（井平台为旋转紫灯）	闪烁
弃平台	蓝色灯（井平台为旋转紫灯）	闪烁
遇险求救	红光降落伞、橙色烟雾、无线电示位器、雷达应答器	依据设备的要求使用； 在救生艇和救生筏上可利用日光信号镜反射日光发出两短一长的莫尔斯求救信号

六、逃生路线及集合地点

每位船员及海上设施工作人员应熟悉相应场所的逃生路线，并保持在任何情况下的畅通和无障碍。逃生路线应事先确定，并在每一段路程的拐角处标以明显的引导标记符号。在重要场所，应多处公布该场所的逃生路线示意图，使得所有人员都能了解在各种紧急情况下的逃生路径。

确定逃生路线时，应当根据本船或该海上设施特点，考虑火灾、船体破损/进水、严重横倾等可能的紧急情况。为了保证人员安全和便于抢救船舶或海上设施，逃生路线应不止一条。

如果不同的紧急情况有不同的逃生路线，则应当用不同的颜色区别。同一紧急情况下的不同逃生路线应用同一颜色标示。

船方或海上设施方应当使员工熟悉逃生路线，包括通过培训和考核的形式使员工熟悉重要场所乃至全船或海上设施的逃生路线。每位船员或设施上人员为了自身安全，应当主动掌握本人住舱和工作场所的逃生路线。居住或工作在某场所的人员，应时常留意逃生路线是否畅通，一旦发现有妨碍撤离的故障或障碍物，应立即清除。

紧急疏散集合点（图 2-1），主要是供弃船或海上设施使用。

（一）按 SOLAS 公约的规定集合地点的选择

1. 设在容易从起居和工作场所到达的地方；

2. 靠近救生艇筏登乘地点；

3. 能容纳指定在该地点集合的所有人员，并人均至少占地 0.35 m^2；

4. 通往集合与登乘地点的通道、梯道和出口应有至少 3 h 的应急照明；

5. 从脱险通道到集合地点沿途应用集合点的符号引导和指明；

6. 应能将担架病人抬进救生艇筏。

（二）其他紧急情况下集合地点的选择

1. 设在容易从起居和工作场所到达的地方；

2. 便于采取应急行动处理紧急情况；

3. 有较宽敞的场地和足够的照明；

4. 有利于人员的安全。

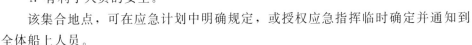

图 2-1 紧急疏散集合点标志

该集合地点，可在应急计划中明确规定，或授权应急指挥临时确定并通知到全体船上人员。

船舶和海上设施上常见的集合地点的引导和指示符号有主脱险设施（图 2-2）、副脱险设施、出口、紧急出口（图 2-3）。

图 2-2 主脱险设施标志 　　　　　图 2-3 紧急出口标志

七、船舶及海上设施内的应急通信

可用于船舶及海上设施内应急通信的设备有电话、有线对讲机、无线对讲机和话管。有线广播、报警系统用于单向传递应急信息。最有效的船舶及海上设施内应急通信系统是有线电话和无线对讲机。

在主电源停止供电的情况下，船舶及海上设施内的应急电源能向所有船内通信设备持续供电 36 h。无线对讲机便于在船舶及海上设施内任何地点通信，但电池供电时间相对较短。进行船舶及海上设施内应急通信，通话应简明扼要，关键语言应当重复，受话人员如有不清楚之处，应立即询问清楚，以免延误应急时机或误操作。

所有的船舶及海上设施内通信语言，必须使用工作语言。如果全体人员为中国籍而有多种方言，则应使用普通话通信；如果人员来自不同国家，则应使用日常工作语言，一般是使用英语。

管理人员，应通过应急演习考查海上设施工作人员的应急通信能力，并进行必要的应急用语培训和考核。

八、个人安全设备

应急用的个人安全设备包括个人救生设备、消防员装备、紧急逃生呼吸装置（emergency escape breathing device，EEBD）以及可用于其他紧急情况的船舶及海上设施上人员劳动防护用品。

（一）个人救生设备

个人救生设备包括救生圈、救生衣、救生服和防暴露服，在主管机关监督下按 SOLAS 公约规定配备。救生衣应放在容易到达和取用之处，并有明显的标志显示存放位置。

（二）消防员装备

1. 种类

消防员装备包括防护服、消防靴、手套、消防头盔、手提式安全灯（防爆，能至少照明 3 h）、太平斧、呼吸器。

2. 配备

根据国家有关规定，针对设施可能发生的火灾性质和危险程度，分别装设水消防系统、泡沫灭火系统、气体灭火系统和干粉灭火系统等固定灭火设备和装置，并经发证检验机构认可。

海上设施设置自动和手动火灾、可燃和有毒有害气体探测报警系统，总控制室内设总的报警和控制系统。

海上设施需配备 4 套消防员装备，包括隔热防护服、消防靴和手套、头盔、正压式空气呼吸器、消防斧以及可以连续使用 3 h 的手提式安全灯。根据平台性质和工作人数，经发证检验机构同意，可以适当减少配备数量；滩海陆岸石油设施现场管理单位至少配备 2 套消防员装备，包括消防头盔、防护服、消防靴、安全灯、消防斧等，至少配备 3 套带气瓶的正压式空气呼吸器和 1 台可移动式消防泵；无人驻守的简易平台，可以不设置水消防系统等灭火设备和装置。

（三）可用于其他紧急情况的船舶及海上设施上人员劳动防护用品

个人救生设备和消防员装备主要用于弃船、弃海上设施、救助落水人员、火灾等应急情况。但在有落水、窒息、易与物体碰撞可能时，也可以适当使用这些个人安全设备。

在其他应急情况下，如果没有法定的个人安全设备，可用海上设施工作人员平时工作用的一些劳动防护用品作为个人安全设备。它们通常包括安全帽、防护手套、防撞防滑工作鞋、防护眼镜、工作服、安全带等。

第二节 听到紧急警报后的行动

听到紧急警报后能否有效行动，取决于平时的应急培训和演习效果。把应急计划的要求和目标变成船员和海上设施员工的熟练行动，能保障有效应急的成功。

一、确认警报

海上设施工作人员一听到紧急警报，首先应立即弄清属于何种紧急情况。最好的办法是一边迅速穿衣服同时打开房门，一边沉着冷静地听完两组警报，如果不是熟悉的消防、弃船、弃海上设施、人落水、堵漏、井喷等信号，应该查看布置于床头的应变任务卡。切忌盲目行动，导致延误宝贵的时机和造成不必要的人身伤害。例如，把弃海上设施警报的七短声一长声误听成都是短声的火灾警报而行动，发现弄错后再纠正，可能会在弃船时丧失最佳放艇时机，只好直接跳入海中，可能导致淹死或过早冻死等。切忌不穿着衣服就行动，这在任何应急中都会造成人身伤害。切忌携带应急时不需要的物品而妨碍行动，例如，一些海上设施工作人员在弃海上设施时因执迷于取走自己藏起来的钱财，来不及撤离而随海上设施沉没。

二、迅速行动

当确认警报性质后，应立即确认自己的任务。如有任何疑问，应当核实自身在应变任务卡或应变部署表中的任务，以免失误。平时持之以恒的演习是应急时迅速行动的基础。确认应急任务后，应立即携带规定的物品加入应急行列。

听到警报信号后，海上设施工作人员必须在规定时间内到达指定的集合地点。所有的警报确认、任务确认、穿衣服、拿取规定器材和到达集合地点，都必须在规定时间内优质完成。任何的拖沓都会丧失最佳的抢救时机，导致事态扩大而无法控制，甚至丧失撤离时机。

三、保护海上设施工作人员的安全

海上对象的应急优先权，依次为人命、海上设施、海洋环境。一切抢救财产的行动，应在不严重危及人身安全的情况下进行。但抢救船舶或海上设施，往往是保护人身安全的最佳选择，不到万不得已时，不应放弃船舶或海上设施这一最好的海上设施工作人员生存场所。弃海上设施时，应先外来人员，后固定人员，最后为设施负责人。

四、服从指挥，保持镇静

应急情况复杂多变，需要船长、海上设施负责人、现场指挥和各队负责人在应急计划的基础上，根据事态发展灵活指挥。服从指挥能使全船、全设施的应急行动忙而不乱，步调一致。服从指挥意味着全船、全设施人员形成一个坚强的整体，在任何情况下都能给人以信念、力量和成效；不服从指挥，意味着本应有组织的团队瓦解，致使恐慌情绪迅速蔓延，海上设施工作人员放弃救助船或海上设施的努力，争先恐后弃离设施和出现人员伤亡，导致不当或过早弃船、弃设施，从而失去良好的海上生存和待救基地，使人员在救生艇筏和水中面临明显增大的死亡威胁。因此在应急时，全体海上设施工作人员维护统一指挥，是挽救船舶、海上设施和保证人员安全的重要前提，对于不服从指挥的人和事，必须群起而制止。

在任何应急情况下，保持镇静是取得成功的必要条件，恐慌只会使事态恶化。恐慌是人对事物极度害怕和自认无能为力时的心理和行为表现。恐慌使士气瓦解，使人脑过度紧张而严重妨碍正常的思维和行为能力，甚至丧失理智，放弃把握客观存在的成功机会。如果人员具备把握某事物的能力，就不会对该事物感到恐慌。因此，避免船员对紧急情况的恐慌并不难，只要船员掌握应对可能发生的各种紧急情况的知识和技能，具备处理紧急情况的能力，只要海上设施工作人员坚持不懈地积极接受应急培训和参加应急演习，对应急心中有底，就能沉着冷静地判断和处理应急事宜。即使是面临生命绝境，也应切记，只有坚定的求生信念才能延长生存时间，最终获救。

五、遵循应变部署表/应急计划，采取正确的应急行动

应变部署表和应急计划是应急的行动规范，是对可能发生的紧急情况，根据以往的经验教训，结合本设施的实际情况，在反复考虑的基础上确定的应急预案。在应急时，应始终以此为基础。在应急的初始阶段，应严格遵循应急预案，而后由指挥人员根据事态发展作适当调整。

应变部署表和应急计划，通常是明确应急职能分工和应急程序框架，不可能详细描述所有的应急行动和应急操作。这时候应在指挥人员的指挥下，灵活运用在应急培训和演习中获得的知识和技能，实施正确无误的应急行动。对于特定船舶、海上设施的关键性操作，例如施放二氧化碳操作，应严格按本船、本设施专用的施放须知进行检查和施放。对于应急中出现的异常情况，应及时报告指挥人员，以便及时评估和调整部署。指挥人员在下达具体任务时，应从人力、技术、设备、环境、人身安全等方面考虑可操作性，操作人员应迅速设法完成任务，当明显无法胜任时，应立即报告指挥人员。

第三节　船舶及海上设施应急反应

《水上交通事故统计办法》中对水上交通事故的范畴进行了界定，这些事故包括碰撞事故、搁浅事故、触礁事故、触碰事故、浪损事故、火灾/爆炸事故、风灾事故、自沉事故、操作性污染事故、其他引起人员伤亡或直接经济损失或水域环境污染的水上交通事故。

一、火灾、爆炸事故

火灾、爆炸事故是指因自然或人为因素致使船舶及海上设施失火或爆炸造成损害的事故。根据作业环境的不同，可采用海上和陆地终端两种火灾或爆炸应急处理程序。但是任何火灾或爆炸发生时，都应采取以下的基本步骤，立即进行现场施救。

1. 发现火灾或爆炸后立即拉响警报，同时用附近合适的消防设备灭火；
2. 立即向现场主要负责人报告事件的位置、类型和程度；
3. 宣布起火位置后，应立即组织全体人员根据不同火种，采取不同的灭火方式进行灭火；
4. 通知有关消防队或消防船、守护船立即到现场附近待命或实施救助；
5. 向应急办公室值班室汇报所有信息，并根据需要与地方当局协调行动。

火灾、爆炸应急程序——以海上某设施为例，如图 2-4 所示。

二、碰撞事故

基于海上作业的固有特性，海上设施的正常运作离不开船舶作业。由于船舶驾驶人员的操作不当与自然因素造成船舶撞击海上设施，可能导致人员伤亡、船舶沉船坠毁、海上设施设备损坏，甚至海上设施的结构受到强力冲击而引发海上设施结构失效等后果的碰撞事故。

碰撞应急程序——以某海上设施为例，如图 2-5 所示。

三、溢油应急程序

海上设施一旦发现有油品溢漏，应立即采取措施制止溢漏，防止事态扩大，并迅速组织人力物力对溢漏油品进行处理（包括回收、喷洒适量的经国家环保部门认可的溢油分散剂等），消除污染。由于有些海上设施无溢油回收资源，发生溢油应急事件时，需向周边海上设施或船舶调配溢油应急回收资源。海上设施溢油情况包括油气井井喷、外输软管泄漏、海底管线破损等。防止溢油事故及对各种程度的溢油事故处理的详细程序请参阅《中国海上船舶溢油应急计划》。

溢油应急程序——以某海上设施为例，如图 2-6 所示。

四、人员落水应急

人员落水是指由于人员操作失误、恶劣天气、设备故障等原因发生的事故。人员落水一般可以使用守护船、救生艇和直升机等工具进行搜救。恶劣环境、设施损坏、未穿救生衣、人员监护不力、身体状况不良、没有经过"五小证"（直升机逃生、海上消防、应急急救、海上逃生、救生艇操纵）培训、管理制度没有认真执行、救生信号设备不全或损坏等均可能导致人员落水伤亡事故。

人员落水应急程序——以某海上设施为例，如图 2-7 所示。

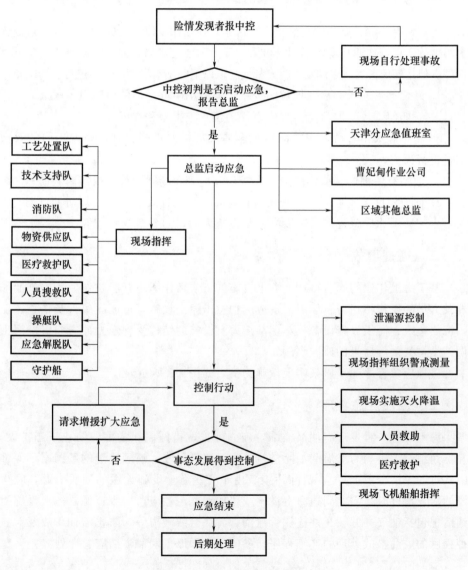

图 2-4 火灾、爆炸应急程序

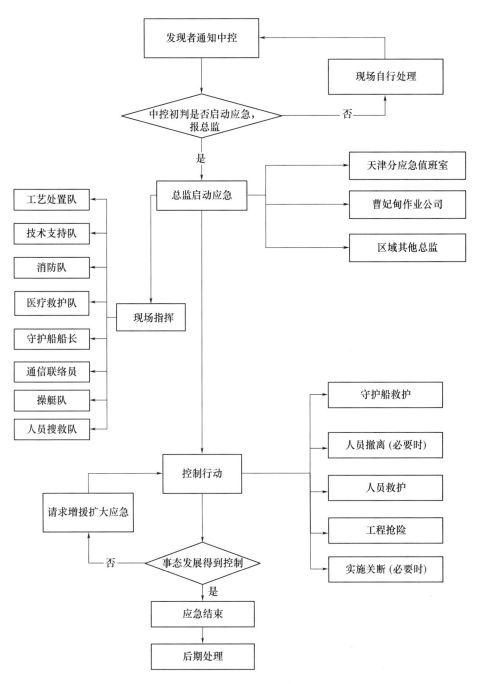

图 2-5　碰撞应急程序

五、平台拖航就位应急

在海洋石油勘探开发过程中钻井平台的拖航、就位和升降船作业过程中，因作业牵涉的技术面广、作业单位多，与天气海况关系密切，存在着重大风险源。平台拖航就位风险分析及应对措施如表 2-5 所示。

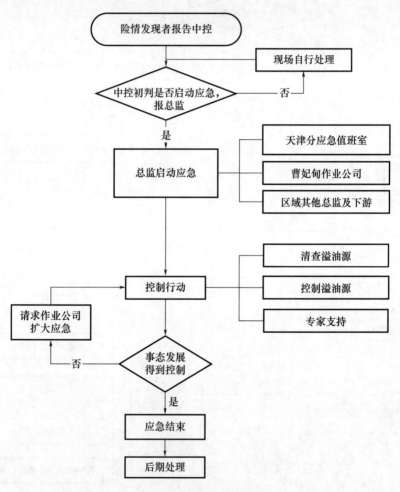

图 2-6 溢油应急程序

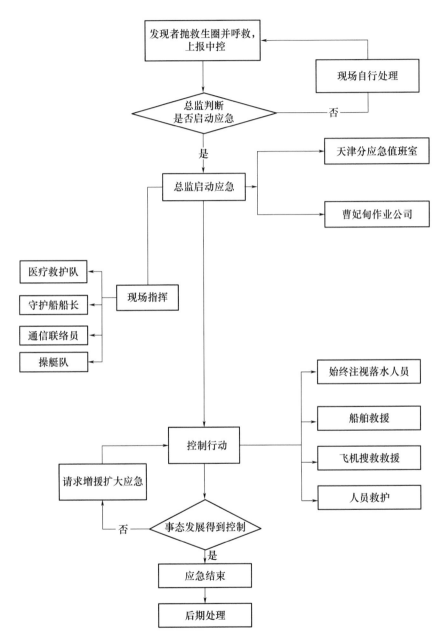

图 2-7 人员落水应急程序

表 2-5　平台拖航就位风险分析及应对措施表

作业	危险因素	可能导致的复杂情况和事故	应对措施
拖航	平台重心偏移	平台负载分布不均匀和平台倾斜，降低平台抗倾覆性能，遇有恶劣天气在风浪流的作用下，平台结构易受损，导致平台倾覆	拖航前做好平台的调载和配载保持平台左右两舷吃水相同，一般自升式钻井平台尾倾最小为 0.3 m，半潜式钻井平台尾倾最小为 0.4 m，各部结构受力均匀
	平台重心高度超出平台许用重心高度	遇有恶劣天气在风浪流的作用下，易导致平台倾覆，人员伤亡	拖航前做好平台稳性计算，按计算结果对照操船手册的许用重心高度，进行调载和配载，确保平台稳性安全
	平台井架、桩腿、临时设备、钻具、配件及物资固定不牢固	遇有恶劣天气，由于船舶颠簸，可能导致设备损坏、物资丢失、平台结构和密封破坏，砸伤人员，甚至导致平台沉没。	拖航前分专业逐项进行固定，并派专人进行检查、记录
	超过平台允许拖航可变载荷	平台超过允许的可变载荷，降低了平台的稳性，减少了干舷高度，遇有恶劣天气，容易导致平台翻沉	做好稳性计算，任何情况下平均吃水不允许超过满载载重线
	龙须缆、过桥缆、三角板等拖具存在缺欠未及时查出，无备用拖缆	拖航时发生断缆，平台失去控制，随波逐流，导致平台触礁、搁浅，与其他船舶碰撞甚至翻沉	拖航前做好主拖缆的检验工作
	恶劣天气	热气旋、台风、流冰等恶劣天气是拖航过程中发生恶性事故的根源，当超出了拖航船和平台的抵御能力时，将会发生断缆、船舶碰撞、触礁、搁浅甚至平台翻沉	制定拖航计划时应向气象部门索取天气预报资料，并做好接收天气预报工作，确保拖航和升船作业期间的天气状况在操船说明书允许的范围内；杜绝抢风头、赶风尾的侥幸心理
	舱盖、水密门各通风筒的风闸密封不好、关闭不严或没关	遇恶劣天气或发生碰撞船体损坏，导致船体进水和各舱连通，甚至导致平台沉没	拖航前派专人逐一按规定进行关闭，并进行检查
	救生艇、救生筏等救生设施配备不足或不会使用	在需要弃船时不能安全逃生	按规定配备救生设备、设施，人员经过救生培训取证，并定期进行弃船演习
	拖航航道不清	新区或近海拖航，未事前对拖航航道进行探测，导致触礁、搁浅，或平台翻沉	提前掌握拖航航道相关数据资料
	没准备堵漏器材或准备不足、不全	由于碰撞、搁浅或触礁造成船体损坏导致船体进水时，自己不能堵漏施救	按规定准备堵漏器材，并妥善保管

续表

作业	危险因素	可能导致的复杂情况和事故	应对措施
拖航	操作人员对应急排海系统不熟悉，或设备、管线、阀门有故障	由于碰撞、搁浅或触礁造成船体损坏导致船体进水时不能及时排出自救	相关人员应熟知本平台和装置的舱底水和应急排海系统，定期对排水系统的设备、管线、阀门进行维修保养，保证随时可用
	指挥混乱	拖缆断裂、船舶碰撞、平台倾覆	成立统一的拖航小组，任命组长，明确责任
就位	井场风浪流超过就位要求	井场的风浪流超过就位设计要求，平台可能受风压、海流作用撞上就位的固定平台，使两座平台受损，或就位不准	严格按照平台操作手册进行操作，提前收集气象预报资料，选择良好天气进行就位作业
	平台就位海底地貌和水下建筑不清	可能损坏平台桩靴和水下建筑物	提前对海底地貌和水下建筑进行调查，取得详细可靠的资料
升降平台就位	就位海域浅层地质资料不清	1. 出现桩腿入泥过深，降船时桩腿拔不起来； 2. 预压载时出现穿透鸡蛋壳地层现象，使平台发生严重倾斜，导致平台、升降机构或桩腿损坏	提前对就位海域进行浅层地质调查，对调查结果进行认真分析、计算，制定科学、安全的升船和预压载方案
	操作人员对升降设备不了解，操作不熟练	违规操作，导致升降设备、机构损坏，平台倾斜，人员伤亡	对操作人员进行专门培训，取得资质证书，持证上岗
	平台降到水面桩腿拔不出泥面	不能按预期降船拖航，遇大风可能造成船毁人亡	提前做好浅层地质调查，做好调、压载计算，做好拔桩准备工作
	降平台时突遇大冰排漂移过来	船毁人亡	根据平台适合的工作环境和冰情预报提前确定降船时间
	井场风浪流超过就位要求	井场的风浪流超过就位设计要求，平台可能受风压、海流作用撞上就位的固定平台，使两座平台受损或就位不准	严格按照平台操作手册进行操作，提前收集气象预报资料，选择良好天气进行就位作业

第三章

安全作业

第一节　遵守安全作业方法的重要性

一、遵守安全作业方法的意义

遵守安全作业方法，海上设施工作人员始终是得益者。作业（操作）者因避免可能发生的事故，确保了自身免遭人身伤害；避免了海上事故，从而保护了人员的安全；避免了可能引发的污染海洋事故，从而保护了自身和公司及其他职员的利益。从宏观角度看，海上设施工作人员遵守安全作业方法，保护了公司利益，保护了人类赖以生存和发展的海洋环境。可见，遵守安全作业方法，责任和意义都非常重大。而对于海上设施工作人员，做到遵守安全作业方法并不难，只要具备社会责任感、一定的安全作业知识和技能，严格遵守操作规程，就能安全、优质、圆满地完成作业。

二、安全作业方法

安全作业方法，是在系统考虑作业的各种因素的基础上，能使"人""机（物）""环境""管理"四大安全要素和谐相处的安全做法的总称，通常称之为安全操作程序、须知、规程、注意事项、规章、制度、办法、要求、规定、操作指南、经验方法、习惯做法等。安全作业方法中，主要有人员分工职责、对操作对象的认识和安全器材要求、操作的先后顺序、关键动作的要求和所要达到的目的等。遵守安全作业方法，目的是顺应事物的客观规律，安全地完成作业任务。船舶及海上设施上安全规章制度是成文的安全作业方法，系统的安全规章体系是安全营运的重要保证，使得海上设施工作人员在作业时有章可循。而不成文的安全作业方法，是指海上设施工作人员在长期的海上实践中总结出的行之有效的通常方法，也是安全作业方法的组成部分。

三、违章作业行为与事故损害程度的比例关系

在对事故的调查中发现，许多事故责任人对违章行为的辩解是惊人地相似：
"以前我（们）一直这样做（看到别人也是这样做），从没出过事故。"事实是，
他们把有惊无险和小事故不看成为事故。他们不了解不同程度事故的发生概率。
为此，美国的海因里希对同一人发生的330起同种违章作业行为的统计发现，致
人严重伤害、轻微伤害和有惊无险的事故件数比为 1 : 29 : 300，这一统计结论
被广泛地称之为海因里希法则。该法则是对人的不安全行为和物的不安全状态无
害的经验者的有力警告。该法则还说明事故与损害之间存在着偶然性，同类事故
并非产生相同的损失，防止重大损害唯一的途径是防止事故的再次发生。为了实
现该目标，首先必须清除孕育事故的温床——人的不安全行为，这是防止事故和
人员伤亡的最直接和最有效的手段。

第二节　船舶及海上设施的安全操作规章

一、日常防火防爆须知

船舶及海上设施防火防爆关系到船舶、人命和货物安全。火灾导致的船舶及
海上设施全损率高于碰撞和搁浅事故。船舶及海上设施应经常进行消防培训、演
习和消防设备检查，消除火灾和爆炸危险。

船舶及海上设施防火防爆主要应严防明火、烟火、电火、摩擦火、化学作用
引起的火灾或爆炸。船舶装运易燃易爆货物时，应遵守危险货物运输的有关规
定，如交通运输部的《船舶载运危险货物安全监督管理规定》和国际海事组织的
《国际海运危险货物规则》等。

二、劳动防护用品分类及选择

（一）基本劳动防护用品

安全帽；抗油易去污防静电阻燃防护服，以下简称"防护服"；防砸防穿刺
防静电防油拒水防滑安全鞋，以下简称"多功能安全鞋"。

（二）其他劳动防护用品

其他劳动防护用品包括但不限于：保暖头套；防护手套、绝缘手套、防化学
品手套、防酸碱手套、焊接手套、纺织手套；护目镜、防护面罩、防烟尘护目
镜、焊接护目镜；耳塞、耳罩；自给式呼吸器、防毒面具；化学品防护服、防酸
服、防碱服、焊接防护服、热防护服、防辐射服；电绝缘鞋（靴）、雨鞋、保暖
棉袜；护肤用品；雨伞、雨衣；安全带；救生衣；个体防爆气体检测仪；防坠

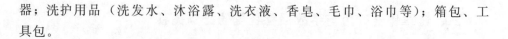

器；洗护用品（洗发水、沐浴露、洗衣液、香皂、毛巾、浴巾等）；箱包、工具包。

三、热工作业

热工作业，是指生产作业过程中使用焊、磨、割、钻等工具，能直接或间接产生明火、热量、火花、炽热表面或爆炸的施工作业。

（一）热工作业相关人员要求

1. 参与、监护、监督作业的所有相关人员必须参加施工前的 JSA（Job Safety Analysis，工作安全分析）会议，熟知此次作业的安全风险、控制措施及应急预案，热工作业单位应对作业人员进行安全教育。

2. 热工作业开始前，作业监护人应到场，并组织检查现场的消防、报警及逃生系统，确定其为正常可靠状态。

3. 参加热工作业的焊工、电工等特种作业人员应持证上岗。

4. 热工作业必须要由有监火资格的作业监护人在场监护，作业监护人应熟悉并掌握常用的急救方法，具备消防知识，会熟练使用消防器材，熟知应急预案。

5. 现场监督、作业监护人如果发现作业部位与热工作业许可上的描述不相符，或者安全措施不落实时，有权制止作业。

6. 开始作业前，所有人员应熟悉周边环境及逃生路线。

（二）热工作业实施要求

1. 作业单位应对作业人员进行安全教育和交底，并与可能涉及的交叉作业相关单位提前沟通，检查落实各项安全防护措施，确保各类作业的安全有序进行；如有必要，设施负责人可根据情况停止其中一方或多方的作业。

2. 作业单位应按照健康安全环保管理的相关规定，清除热工作业区域 5 m 之内的可燃物质或用阻燃物品将其隔离。

3. 作业单位根据需要设置警告牌或护栏，防止无关人员进入；当在高处作业时，应对下方做必要的防护。

4. 作业单位应至少每间隔半小时对热工现场可燃气体进行检测并做好记录，其含量应小于爆炸下限（LEL）的 25%。初始气体检测时间与热工开始时间间隔不得大于 30 min，否则应重新开展气体检测。

5. 凡需要热工作业的储罐、容器等设施应采取必要的清扫或隔离措施，热工作业前 30 min 内应进行内部和周围环境气体检测（包括可燃气体浓度、有毒有害气体浓度、氧气浓度检测），同时应测爆合格和保持有效的通风。

6. 遇有蒲氏 6 级以上（含 6 级）大风、浓雾、暴雨、雷电天气时，应立即停止露天热工作业。

7. 工作地面潮湿或有水时，如果无法保证电气作业安全，作业人员应停止电焊作业。

8. 在进行热工作业时，作业单位应采取防止火花飞溅扩散的措施，如有效地封堵动火点附近的地漏、有风天气使用非可燃材料的遮挡物阻挡火星飞溅等。

（三）作业完成后的确认

1. 作业结束后，应消除各种火种，切断与热工作业有关的电源、气源等。

2. 作业完成 30 min 内，监护人员应对现场进行检查确认，确认无火灾隐患存在，方可撤离。

3. 作业结束后，作业申请人应向热工批准人报告热工作业完成情况，并关闭热工作业许可证，及时恢复各类信号旁通和隔离锁定，保障现场的安全状态。

四、高处作业

高处作业是指在作业平面到可能坠落范围内最低处的垂直距离 2 m 以上（含 2 m）的高处进行的作业。

（一）作业限制条件

1. 高处作业人员身体和精神应处于良好的状态，经体检合格，无心脏病、高血压病、癫痫病、恐高症、眩晕症等不应从事高处作业的疾病。

2. 未经培训掌握高处作业所需专业知识和安全技能的人员不应安排高处作业。

3. 饮酒或服用影响判断力和行动能力的药品后，不应进行高处作业。

4. 当风力在 6 级以上、雷电、暴雨、大雾等恶劣气象条件下，不应进行露天高处作业。

5. 夜间从事高处作业应配备良好的照明器具，照明效果不佳时不应进行高处作业。

（二）一般高处作业

1. 高处作业应优先选用永久性建（构）筑物作为高处作业平台，高处作业平台应设置完善的坠落防护措施，周围装有符合标准的防护栏杆，地面孔洞均得到防护，人员上下通道方便稳固，且有两个及以上符合要求的安全出口。

2. 高处作业区域应与外电架空线路保持足够的安全防护距离，安全防护距离应符合《高处作业安全规程》（Q/HS 4019—2010）要求。

3. 高处作业区域入口处应悬挂醒目的安全警示标志，对高处作业下方周围区域进行安全隔离，悬挂安全警示标志防止其他人员误入。

4. 作业人员应穿戴好适宜的防护用品，必须正确佩戴和使用安全带。

5. 上下运送工具、材料等应装入工具袋用绳索系送或吊机运送，严禁抛掷；并应妥善摆放，保持通道畅通，易滑动滚动的物品应采取措施防止坠落。

6. 高处作业与其他作业交叉进行时，应指定专人负责指挥协调；尽可能避免上下垂直交叉作业，无法避免时应采取可靠的隔离措施。

（三）安全带

1. 脚手架搭设作业人员和在无安全防护设施的平台上作业人员应使用双系绳安全带，且始终保持安全带处于系挂状态，双系索不得以"钩挂钩"的形式使用。

2. 安全带使用前应进行外观检查，作业负责人应对作业人员安全的正确使用进行检查，作业单位每季度至少进行一次安全带专项检查。存在缺陷的安全带应由厂家修复，无法修复的应做破坏性处理，防止他人误用。

3. 安全带的使用应坚持"高挂低用、挂点就近"的原则，严禁随意对安全带系绳进行接长使用；安全带应系挂于人员上方且尽可能靠近作业位置，以防发生坠落时人体摆动与相邻结构碰撞造成伤害。

4. 安全带系挂点应能够承受 22295 N 的冲击力，应优先选用永久性设施或已安装完成的结构作为系挂点，不得选用格栅、电缆护管、仪表管线、电缆托架、便携式梯子、未妥善固定的管线或可移动部件等。

（四）救生索

1. 当高处作业中无适宜的安全带挂点时，应安装救生索作为安全带系挂点。

2. 救生索应为直径不小于 10 mm 的钢丝绳索，每个系挂点应至少能够承受 22295 N 的冲击力。

3. 救生索应由有起重索具使用经验的人员进行安装，经作业负责人检查合格后方可投入使用。

4. 水平救生索的安装高度应略高于作业人员腰部，应连接在同一高度的至少两个系挂点上，并预置一定的张力使其绷紧。

（五）梯子

1. 梯子使用前应进行外观检查，存在缺陷的梯子在修复完成前严禁投入使用。

2. 直爬梯的总长度不应超过 6 m，超过 6 m 的应在 2 m 以上部位安装护笼，超过 8 m 时，应设置梯间平台。

3. 使用直爬梯作为高处作业平台的上下通道时，上端应至少伸出作业平面 1 m，保持 4∶1（垂直距离∶水平距离）的斜度，对上、下两端进行妥善固定。

4. 上下直爬梯时应面向梯子且双手抓牢，严禁手中持物上下直爬梯。

5. 使用便携式直爬梯进行高处作业，应使梯子保持 4∶1 的斜度，对上、下两端进行固定，无法固定时，应指派专人在下方看护扶持，梯子底部应有防滑措施。梯上作业人员应面向梯子工作，严禁将安全带系挂在梯子上。

6. 便携式直爬梯不能架设在易滑动或不稳固的支持物上。

7. 便携式直爬梯不得用铁卡子、夹板或绳索等连接接长使用。

8. 在转动机器附近使用梯子时，梯子与机械的转动部分之间应设置临时防护隔离设施。

9. 严禁两人同时站在同一梯子上进行工作。若梯子上有人，严禁移动梯子。

10. 在电气设备上或附近区域工作时，绝不允许使用金属梯子。

11. 折叠梯使用时应完全打开并挂好防滑锁，不能作为直梯使用。

（六）脚手架作业

1. 脚手架搭设、修改、拆除人员必须经过专业安全技术培训，持有特种作业操作证方可上岗。

2. 脚手架搭设作业前，应编制脚手架搭设方案，搭设材料应符合 JGJ 130—2011《建筑施工扣件式钢管脚手架安全技术规范》要求，使用前应进行外观检查，只有合格的材料才能投入使用。

3. 只有在第一层完全搭完之后，第二层脚手架才可以开始搭设，尽量避免交叉作业。

4. 脚手架搭设开始和搭设过程中，承包商技术负责人和安全检查人员要及时进行检查指导，并悬挂红牌"正在搭设，严禁使用"。

5. 发现脚手架及脚手架的辅助措施被随意拆除时，安全检查人员有权立即挂红牌，限令整改。

6. 脚手架工作平面至少应有 3 个标准跳板（750 mm）宽度，且绑扎牢固。脚手架基础应牢固稳妥。

7. 工作平台必须要铺设踏板且绑扎牢固，安装上、下两道护栏和踢脚板。上护栏的高度应高于工作平台 120 cm 左右。下护栏位于上护栏和工作平台中间水平位置，踢脚板的高度应不小于 10 cm。通往工作平台的入口必须搭设梯子或类似的装置。

8. 脚手架搭设完毕，经检查验收合格、悬挂合格标志牌，方可投入使用。

9. 在日常作业中应加强对脚手架的管理，现场应坚持巡查，防护网、板、扣件不得擅自拆除，作业需要拆除时应经过安全管理人员的批准。

10. 作业层上的施工荷载应符合设计要求，不得超载。不得将模板支架、缆风绳、泵送混凝土和砂浆的输送管等固定在脚手架上；严禁悬挂起重设备。

11. 作业人员应沿着梯子或安全坚固的通道上下，不得沿着绳索、立杆或栏杆攀登。

12. 脚手架应经常检查，特别是在大风、暴雨后更应加强检查，长期停用的脚手架在恢复使用前，应经技术、脚手架搭设人员和安全人员的检查、鉴定后方可使用。

13. 未经批准，任何人不可变更或拆除脚手架构件。不得以焊接、燃烧、切割、钻孔或弯曲等办法改变脚手架构件。

14. 变更或拆除脚手架构件的作业，必须由持证上岗的专业架子工进行。

15. 拆除作业必须由上而下逐层进行，严禁上下同时作业。各构配件拆除后严禁抛掷至地面。

（七）孔洞及开口防护

1. 作业平面、通道上短边尺寸为 50～500 mm 的孔口，应用坚实的盖板覆盖，若采用木质盖板，其厚度不应小于 20 mm，应对盖板进行固定，防止移位，悬挂醒目的安全标志，警告他人不得随意挪动。

2. 作业平面、通道上边长为 500～1500 mm 的洞口，应使用脚手架钢管扣接形成网格，并在其上铺满脚手板。

3. 作业平面、通道上边长大于 1500 mm 的洞口，应在四周安装标准防护栏，洞口下张设安全平网。

4. 高处作业区域墙面或立面高度大于 750 mm、宽度大于 450 mm 的开口应使用标准护栏系统进行防护。

（八）特殊高处作业

特殊高处作业除遵守以上高处作业安全要求及防护措施外，还应编制专项施工方案，经逐级审核、批准后方可实施。

1. 使用工作吊篮作业

只有当通过其他途径不能完成作业任务或使用其他工作方法的危险性更高时，方可选择使用工作吊篮作业。吊篮作业存在坠落风险时应系挂安全带。

工作吊篮（含吊索具）应由专业人员设计、制作、检验，并由公司认可的第三方检验机构出具检验证书。

工作吊篮应定期维护保养和检验。作业前应对吊机和工作吊篮进行全面检查，确认设备、机具处于安全状态方可开始作业。

工作吊篮中的作业人数不能超过核定人数，不能与吊运物料的吊篮混用换用。

使用工作吊篮作业应由现场负责人批准，由起重指挥人员负责吊机指挥，严格遵守起重作业规程并与吊车司机保持通信畅通。当风速超过 15 m/s 或影响吊篮安全起、放，并威胁人员安全时，应停止吊篮作业。

2. 舷外及接近水面作业

当风速超过 10.8 m/s（风力 6 级）或能见度低于 80 m 等恶劣天气条件下禁止舷外及接近水面作业。

作业必须有守护船或救助艇守护，设施无线电报员和守护船之间必须建立无线电通信联系，守护船艇应在作业区域下游就近海域看护，当直升机着陆时，需要暂停舷外作业。

舷外及接近水面作业必须正确穿戴工作救生衣。

作业现场附近应放置救生圈，并安排专人监护，并保证监护人和作业人员通信良好。

五、进入封闭舱室注意事项

人员贸然进入封闭舱室，常会发生人员窒息或中毒死亡事故，因此，所有海上设施工作人员都应掌握进入封闭舱室的注意事项和安全措施。

（一）通常缺氧的舱室

1. 被关闭一段时间后，未经充分通风的舱室；

2. 载运蔬菜和耗氧制品的舱室；

3. 最近失过火的舱室；

4. 使用惰性气体灭火后的舱室；

5. 空气中含有蒸汽的舱室。

缺氧/有毒气体存在于货舱、泵房、燃烧舱、隔离舱、压载舱、燃油舱、淡水舱、双层底、空位、污水柜、电缆通道、电池柜、锚链舱、惰性气体储存间和其他类似舱室，未经负责人按规定确认批准，任何人不得进入。

特别应禁止海上设施工作人员在无人照料或无人知道的情况下，单独进入封闭的货舱或其他封闭舱室。

（二）进入舱室条件的确认

在允许进入前，必须进行充分的自然或人工通风；通过仪器测试，确认不存在有害气体或缺氧气团。进入封闭舱室采样监测的人员必须佩戴隔绝式呼吸器。不佩戴呼吸器可进入封闭舱室的条件为：

1. 有毒气体含量为 0%，二氧化碳含量 $<2\%$，氧气含量 $>18\%$；

2. 进口处附近放置一套隔绝式呼吸器；

3. 所有能提供紧急撤离的通道出入口均已开启；

4. 只要切实可行，打开一切孔口，以提供通风和光线；

5. 进入者备有便携式对讲器，并约定特殊联系信号（如敲击船体钢板等），紧靠作业舱室处有专人守候联系（若联系中断，应立即发出全面警报）；

6. 只要切实可行，所有进入封闭舱室的人员应系上安全带；

7. 该舱室被证实为可以"安全进入"。

（三）进入封闭舱室和作业

未经负责人许可，任何人不得进入封闭舱室。在进入封闭舱室前，必须拟定行动计划，报负责人批准。行动计划应包括：

1. 拟进入舱室的名称；

2. 所有拟进入人员的名单；

3. 通信系统详情（安排和技术状况）；

4. 预计完成操作的时间；

5. 安置在入口处的守护人员名单和隔绝式呼吸器、绳索等安全设备清单；

6. 运行中的通风系统详情；

7. 备用的进口和出口；

8. 已通知与该舱室有关的各部门值班人员，封妥有关控制器和设备并贴上告示，杜绝误操作危及人身安全；

9. 备用的应急救人计划。

人员进入封闭舱室后，守护人员应坚守岗位，按约定保持经常联系。在舱室作业环境中禁止使用过滤式防毒面具。通风不应间断，若通风系统发生故障，应立即通知舱室内人员撤离。

（四）封闭舱室应急救人

当进入封闭舱室的人员发生危险无法自救时，守护人员应立即报警，并实施应急计划，包括：加强通风；派人佩戴呼吸器进入封闭舱室救人，其他救护人员在室外协助；电机员负责提供应急照明，负责医护的人员做好医疗急救准备；必要时切割船体开孔救人。

六、金工作业时的安全注意事项

1. 金工作业时精神必须高度集中，不得做与工作无关的事情。

2. 作业时必须穿工作服或紧身服，上衣下摆不能敞开，袖口要扎紧，戴好防护眼镜，禁止戴手套操作。

3. 在车床、钻床作业时应严格遵守操作规程，工件应夹持牢固，夹头扳手用完应立即从夹头上取下。

4. 在磨制工具与砂轮机作业时（包括除锈、除炭时），作业者应戴防护眼镜和口罩，并和砂轮旋转方向略偏一角度。

5. 禁止使用手柄不牢的手锤。

6. 工作完毕，养成随时切断设备电源的好习惯，做好设备、量具、工具等的整理工作。

七、海上设施工作人员常见工伤事故

海上事故可大致分为设施海事和人员工伤事故，常见的海事有碰撞、搁浅/触礁、火灾/爆炸、船壳破损、进水、严重横倾、倾覆、污染损害等。

（一）常见的工伤事故

1. 击伤

击伤事故主要是人与物之间的接触能量超过了人体承受能力所致。例如：不戴安全帽被上方的坠落物击伤；站位不当被受力或破断的缆绳击伤；抛锚时紧靠锚链而被高速飞出的锚链击伤；敲铲或敲除焊渣时不戴防护镜而被溅出的碎屑击伤眼睛；大风浪中横摇剧烈时被工作场所或居所未固定的物体飞出击伤；用抛掷方法传递物具时被击伤等。

2. 坠落

常见的坠落事故有：人员在高处作业时嫌麻烦不用安全带或使用不当而坠落摔伤；工作时不慎摔落货舱；在舱口上空作业前，未按规定关闭舱盖，未采取安全措施就冒险攀高而摔伤；因使用严重锈蚀或损伤的直梯导致踏步断裂而摔伤；作为人员在高空的支承物的栏杆和构件，因严重锈蚀而发生断裂、脱落，导致人员坠落等。

3. 人落水

常见的人落水事故有：船员舷外作业不用安全带或使用不当而掉落水中；舷梯或桥板未使用安全网或使用不当导致人员落水；未及时架设舷梯或桥板，或无人照看和调整而导致人员落水；使用的绳梯严重损坏或不会使用而使人掉落水中；大风浪中船员到舱面甲板工作未使用安全系绳而被甲板上浪卷入海中；倚靠严重锈蚀的栏杆或防浪墙而掉入水中；海上设施使用吊笼转移人员过程中由于设备或人为因素导致人员落水等。

4. 轧伤/压伤

常见的轧伤/压伤事故有：在检修转动的机械时，衣服、手指等被卷入而伤害人员；收绞缆绳时，操作者距卷筒过近，被受力回抽的缆绳拉入卷筒而轧伤；疏忽作业现场环境，被高垒或直立的货物或物具倒塌压伤；海上设施吊装作业时，因操作者配合不当而被压伤等。

5. 触电

常见的触电事故有：设施上人员乱拉电线和私接电器而触电；违章带电操作而触电；损伤电线电器而触电；在健康不良、过度疲劳等情况下进行带电操作而触电等。

6. 窒息/中毒

该类事故常见于：人员擅自进入长久封闭的场所，因缺氧或吸入积聚的有害气体而窒息；在未充分通风和无人接应的情况下，进入大量存放农产品的封闭舱室而窒息；违反洗舱操作和管理规定，导致中毒伤亡等。

（二）常见工伤事故的原因分析

1. 违反安全操作规章制度，检查不到位，措施不落实，无知、盲目、疏忽大意造成对人员的伤害。

2. 丧失安全意识和自我防范的警觉性，目无纪律、目无安全、自以为是造成不必要的伤亡事故。

3. 缺乏团结协作精神，未能互相照应、互相提醒，安全隐患没有及时消除，安全事故在所难免。

4. 安全监督机制不健全，现场指挥或负责人检查、监督不力，超前预测、预防能力不强。

5. 外界的客观因素而引发工伤事故。

6. 人员自身的身体健康状况和过度疲劳而引发工伤事故。

（三）防范工伤事故的措施

1. 加强"人—机—环境—管理"体系诸要素的管理，预防常见工伤事故。

统计显示，80％以上的海上安全事故是人为因素造成的，究其原因，有失误，有侥幸，有盲目，有失职。要想从根本上消除这些不良的人为因素，必须时刻做到四个字"小心谨慎"。预防人员工伤事故，可从"人—机—环境—管理"系统中的各要素着手。对"人"，重在通过教育和培训，增强海上设施工作人员的安全意识，提高海上设施工作人员的职业安全素质和应变能力，减少或避免不安全行为的发生，人是安全生产的关键，船舶及海上设施安全生产的"人"是指船舶及海上设施的管理人员及海上作业人员。对"机"，重在防止和消除机（物）的不安全状态，消除安全隐患，满足船舶及海上设施安全生产的要求。船舶及海上设施的设备和机械是保障安全生产的一个重要环节，设备和机械在使用中的自然损耗、缺陷、隐患及人为操作不当造成的隐患均是发生事故的因素。对"环境"，重在创造安全的工作环境，必要的生活环境，营造良好的"船风"，全体海上设施工作人员保持良好的精神状态。不利的环境是事故产生的因素之一，生产过程的每一个环节应不断改善为良好的环境，从而消除事故在这一方面的不利因素，良好的环境有助于过程的运作。在"管理"上，重在健全安全管理和规章制度并予以监督，保证切实执行，有效落实。

2. 加强安全教育，注意增强船员的自我保护意识和能力。

所谓安全教育，是指通过教育手段让员工认识安全的本质含义、重要性，获得必要的安全知识和操作技能，以提高安全生产意识、自我保护意识、安全技术水平和安全管理水平的过程。我们应该教育海上设施工作人员在工作中必须始终奉行"安全第一、预防为主、综合治理"的方针，自觉遵守安全规章制度和各项操作规程；在工作中时刻保证安全的警觉性，避免随意性和盲目性，掌握足够的知识和技能，及时准确地判断和处理不符合项、险情和事故。让安全文化教育在心灵的深处发生质的改变，让大家自觉地变"要我安全"为"我要安全"，安全不再仅仅是一种责任和义务，更多的是一种需要，是一种企业公共道德范畴的代名词，就会变习惯成自然，经验变本能，成为一种氛围。

3. 规范作业，注意安全。

（1）作业之前做"四查"：查身体情况是否良好；查着装是否符合要求；查

用具是否适用；查周围环境是否安全。

（2）作业准备"六充分"：工作内容充分领会和理解；工作步骤及准备充分就绪；作业现场充分清理和整顿；机械、器具及工具、材料充分清点检查；有关规则及注意事项充分了解；安全装置和保护装置充分检查。

（3）作业之中"六务必"：作业方法务必符合规定要求；务必掌握现场周围的情况；务必正确使用保护用具；务必熟悉工具的正确使用方法；务必注意作业时的安全位置；共同作业中务必相互联系，步骤协调。

（4）作业之后再检查：查用完的工具、器具保养后是否存放于规定位置；查现场是否良好地进行清理和整顿；查有无麻痹大意、疏忽松懈现象；查机械器具有无出现异常，工具不良或损坏是否已向船上领导报告等。

第四章

防止海洋环境污染

第一节　船舶及海上设施对海洋环境的污染损害

一、概述

海洋环境污染损害是指直接或间接地把物质或能量引入海洋环境，产生损害海洋生物资源、危害人体健康、妨碍渔业和海上其他合法活动、损坏海水使用质量和环境质量等影响。尽管这些物质和能量是人类需要的和可以回收利用的，但如果排入海洋会产生上述后果，就属于广义的海洋污染物。分类如下。

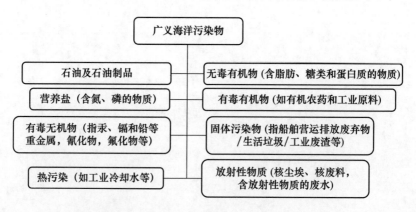

狭义的海洋污染物由《国际海运危险货物规则》规定。

人类活动污染海洋的途径，主要有陆源和船舶的故意和意外排放、船舶和飞机的倾倒、大气沉降等。排放方式包括泵出、溢出、泄出、喷出和倒出等。

船舶对海洋环境的可能污染源有：船舶营运中产生的废弃物的污染；船舶海损事故引发的污染；利用船舶向海上倾倒废弃物所致的污染；船舶修造、打捞和拆解所致的污染。而对于营运船舶，污染途径主要有操作性排放污染和海难事故所致的污染。其污染程度以石油类污染为例，工业排放和城市排泄占 37%，船舶操作性排放占 33%，油船事故排放占 12%。

彻底消除船舶污染源是不现实的。就个案而言，海难事故所致污染造成的损害是巨大的，往往会导致局部生态环境遭受毁灭性打击。海难事故的发生有其必然性，但从发生的总量上看，却远远低于操作性排放污染。操作性排放污染几乎是每天都存在的。随着世界人口的急剧增长，以及人类物质生活水平的提高，各种工业垃圾和生活废物的数量正在成倍地增长。尤其是来往于大洋间的超级油船越来越多，严重地威胁着海洋鱼类等生物的生存。一些有害有毒物质长期在这些生物中聚集，一旦被人体吸入，将会导致大规模病害，影响人体健康。这些油船即使不出事故，按惯例在卸完油后，在公海用海水清洗油舱后油垢泄入海里，这种不易觉察的污染远远超过发生事故造成的污染，这也是污染海洋的一种因素。

因此，我们应当重视对操作性排放污染的控制。通过限制和控制污染物的产生和排放，将船舶对海洋环境的污染损害降到最低限度。国际社会非常重视对船舶污染源的控制，包括通过国家立法和多国条约控制船舶向海洋倾倒废弃物、控制船舶防污染构造、协同对付油污事故、加强船舶的安全管理等。

二、操作性污染

（一）船舶营运中造成操作性污染的途径

1. 船舶运输石油（原油、成品油）和船舶使用燃油可能造成的油污染；

2. 船舶运输散装液体化学品可能造成的散装有毒液体物质污染；

3. 船舶运输包装有害物质可能造成的包装有害物质污染；

4. 生活污水造成的污染；

5. 垃圾造成的污染；

6. 废气造成的污染。

为此，IMO 制定了针对性的国际公约——《1973 年国际防止船舶造成污染公约》的 1978 年议定书（简称《73/78 污染公约》），即 MARPOL 73/78 公约予以控制。依法排放船舶废弃物，为海洋的自净能力所允许。否则，就会造成船舶的操作性污染损害。

（二）操作性油污染的具体形态

1. 机舱含油污水排放浓度超过 15 ppm（15×10^{-6}）；

2. 排放油船压舱水、洗舱水时，油量瞬间排放率超过 60 L/海里[①]，排油总量超过上航次载油量的 1/30000；

---

① 1 海里＝1.852 km。

3. 在绝对禁止排放的海域排放油类或含油污水；

4. 将油类、残油和油泥排放入海；

5. 管系泄漏事故；

6. 舱柜满溢事故；

7. 船壳泄漏事故；

8. 为了船舶安全的故意排油（如脱浅、镇浪）；

9. 为了救助海上人命的故意排油等。

对于第 1～4 条应严格遵守防范性法律规定，对于第 5～7 条应有应急反应计划并能有效实施，对于第 8～9 条应事先报告当局。不论属于何种情况，船东均应承担法律责任，特别是经济赔偿责任。

操作性散装有毒液体物质污染的具体形态与操作性油污染类似，只是污染物质和排放条件不同而已。

操作性包装有害物质污染形态有装卸时的包件散落、倾倒含有有害物质的扫舱垃圾、排放含有包装有害物质的洗舱水等。

操作性船舶生活污水污染，主要是不当排放人的粪便水和尿液、医务室的脸盆和洗澡盆的排出物等。

操作性船舶垃圾污染，主要是不当排放船舶垃圾造成的污染。会导致海洋生物常因误食塑料制品和被废渔网围困而死亡、船舶的推进器被合成绳网缠绕、机舱进水口被垃圾封堵、垃圾覆盖海面和腐败等。

（三）操作性船舶废气污染

主要有以下 3 个方面：

1. 燃料燃烧排出二氧化碳（CO_2）、一氧化碳（CO）、氮氧化物（NO_x）、硫氧化物（SO_x）等造成大气污染；

2. 船舶使用的制冷剂、灭火剂、洗涤剂、发泡剂（隔热材料）等，产生氟氯烃（CFCs）、卤代烃等，对大气中的臭氧层产生了严重的危害；

3. 液货中的烃类汽化物或有害气体扩散到大气中造成大气污染。

三、海损事故所致污染

海损事故意味着人命损失、船舶和货物等财产的损失，而海事引起的海洋环境污染损害则危及人类的现在和将来，是难以用金钱估量的。处理污染损害使船东承受巨大的经济压力，直接影响着船员的就业和经济收入，例如，"埃克森·瓦尔迪兹"号油轮因海损事故引发油污事故，迄今为止，该事故有关费用已逾80 亿美元。

引起污染的海损事故主要有搁浅、火灾或爆炸、碰撞、船壳破损、严重横倾等。其中严重横倾通常是由进水或货物移动引起。而诸如操舵设备、推进器、供电系统、重要的船载导航设备等影响船舶适航性的机械和设备的损坏或故障，常常是引发海损事故进而引发污染事故的原因。海损事故所致的污染损害常常举世震惊，严重危害人类赖以生存和发展的海洋环境。因此，一旦发生上述损害和故障，应考虑立即修复的可能性以及发展成海损事故和污染事故的可能性及时向当局报告和采取应急措施。

四、中国海上溢油概况

据《中国海洋发展报告（2011）》显示，1973—2009 年，中国沿海共发生船舶溢油事故 2821 起，平均每 4～5 天发生一起。其中危害较大的重大溢油事故 51 起，平均每年超过 2 起。自 1994 年以来，重大溢油事故增至每年 5～7 起。特别是自 2005 年以来，全国沿海和内河水域共发生船舶污染事故 253 起，其中溢油量 50 t 以上的事故 9 起。每次重大事故造成的直接经济损失达几百万元至上千万元，导致一些以养殖业为生的渔民破产，沿海旅游胜地受到威胁。其中，渤海湾、长江口、台湾海峡和珠江口水域被公认为是中国沿海 4 个船舶重大溢油污染事故高风险水域。

第二节　MARPOL 73/78 公约的基本要求

在 20 世纪 60 年代前，人们坚信海洋能净化人为的任何污染，但 1967 年超级油轮"托雷·坎荣"（Torrey Canyon）的触礁油污事故，触动了国际航运界，IMO 制定了 MARPOL 73 公约（未生效），1978 年 2 月又制定了 MARPOL 78 议定书。1978 年 3 月，超级油轮"阿莫科·卡迪兹"（Amoco Cadiz）的触礁，导致法国海域和海岸的严重污染，使得国际社会清醒地认识到了船舶污染对海洋环境损害的严重后果，促成了 MARPOL 73/78 公约的迅速生效。该公约由公约正文、议定书、6 个附则及其修正案组成。这 6 个附则是：

附则 I——防止油污规则；

附则 II——控制散装有毒液体物质污染规则；

附则 III——防止海运包装有害物质污染规则；

附则 IV——防止船舶生活污水规则；

附则 V——防止船舶垃圾污染规则；

附则 VI——防止船舶造成空气污染规则。

按公约规定，在 1973 年公约上签字批准的国家必须承认（接受）附则 I 和附则 II，其他附则是任选的。

MARPOL 73/78 公约生效以来，对保护海洋环境取得了积极成效。随之人类对海洋环境提出了更为严格的保护要求。MARPOL 73/78 防止船舶污染海洋环境的策略，是控制船舶的设备状态和人员操作，即由船旗国负责（委托船级社）对有关技术设备根据公约进行检验，对符合要求的发给证书；明确船舶污染物的排放标准；对特殊操作制定操作程序或手册；要求船舶对这些操作进行记录。港口国则通过检查船舶证书、操作程序和操作记录，判断该船是否符合本公约的要求。目前，MARPOL 73/78 公约的要求已成为几乎遍布全球的港口国监督（PSC）组织的必查项目。防污染证书和设备不符合要求、违章操作和违反排放标准、记录不符合要求等，很可能导致船舶被港口国滞留。掌握该公约的有关要求是必要的。

第三节 海上设施作业人员应承担的社会责任

一、海洋环境的多样性

在海洋中，蕴藏着包括矿产、油气、水和生物等多种形式的资源，并且资源储量极其庞大，已成为人类未来生存和发展的资源库。

浩瀚的海洋哺育着种类繁多、形态各异、大小不同的海洋生物。根据它们的生态习性或生物学特性，可以将它们分为浮游生物、底栖生物、游泳动物、海洋鱼类、甲壳动物、软体动物、哺乳动物、深海动物等。它们分布在海洋中的不同地理区域或不同水层，组成了海洋生物的大千世界。整个海洋生物资源蕴藏量很大，海洋每年约可生产1350 亿 t 有机碳。在不破坏海洋生态系统生态平衡的情况下，每年可为人类提供 30 亿 t 水产品，足以养活 300 亿人口。但是，目前海洋生物开发利用的范围只占整个海洋面积的 10%，绝大多数海域尚未开发，即使在已经开发的海域里，也还有很多种类由于科学技术水平的限制，至今还无法利用。

国际海底区域约占世界海洋总面积的 65%，广泛分布着各种资源。海洋矿产资源方面来讲，最有可能进行商业开采的是大洋多金属结核。这种资源分布于世界各大洋的洋底，以太平洋分布最广，估计储量为 1.7 万亿 t。从 20 世纪 50 年代开始，一些发达国家及财团就率先"下海"，对大洋多金属结核资源展开勘察活动。20 世纪 60 年代末到 70 年代，这一活动达到了高潮，而且，采矿、冶炼技术的研究和试验工作已经取得了很大的进展。到了 20 世纪 80 年代，一些国家已经完成勘探目标区的圈定，并大规模地开展试采和选矿试验研究。

海洋石油主要分布在大陆架、深海和超深海，2006 年 9 月在墨西哥湾海底8000 多米处发现了一个储量约 150 亿桶的深海大油田，再一次引发了世界上的海洋石油探宝热潮。在全世界海域内，海洋石油主要分布在波斯湾及中东地区、墨西哥湾地区、西非的几内亚湾、巴西海岸、南北极大陆架等，在其他海区，比如地中海、孟加拉湾等也有分布。而在我国海域，主要是在南海。而水深 300 m 以上、井深 2000 m 以上的中国海域深水区，是世界上最有前途又未大规模开采的油气资源区。

二、海洋对人类的影响

海洋占地球表面积的 71%，孕育了地球上的原始生命，为人们提供了丰富的生产、生活资源和空间资源，是全球生命支持系统的重要组成部分。在全球经济迅速发展和人口激增的情况下，海洋对人类实现可持续发展起到了重要的作用。

海洋向大气中提供着四分之三的氧气；海洋调节着全球气候，充裕的水汽和适当成分比例的空气通过大气径向环流向两极输送，通过世界风带传遍全球；海洋中丰富的鱼类、贝类和藻类能向人类提供充足的食物；海洋有着巨大的环境净化能力；海洋为人类提供了优良的休息和旅游场所。

海底矿藏是工业发展的后盾；海洋是化工原料和医药资源的重要供应地；海洋是人类用水的最大源泉；海洋还是良好的科学实验场所。

21 世纪是人类全面开发海洋的世纪。保护海洋环境是保护人类的现在和将来。但随着海洋资源的开发和使用，海洋也受到了严重的污染，其中石油污染表现得尤为突出。

三、海洋石油污染的危害

（一）影响海气系统间物质和能量的交换

石油是不溶于水的化合物，进入海洋中的石油会在海面上形成大面积的油膜，影响了海气系统物质和能量的交换。通常情况下，1 t 石油在海上形成的油膜可以覆盖 12 km^2 的海面。海面覆盖着黏稠的大面积的油膜，影响了大气中的氧气进入海水中，影响了海洋对大气中二氧化碳等温室气体的吸收，使温室气体相对增多，进一步使全球变暖；大量海水不容易蒸发进入大气，使污染海区上空空气干燥，降水比其他海区明显减少。海洋上存在石油薄膜，海面的反射率加大，大大减少了进入海水中的太阳能。石油薄膜厚度小于 1 mm 时，22 ℃ 的海面温度经过 10 h 大约可增加 1 ℃，更厚的油膜在同样的时间里将产生更大的效果，海面温度将升高几摄氏度。油膜的存在使海洋潜热转移量减少，污染海区上空大气，使年、日差别变大，使海洋失去调节作用，产生海洋荒漠化现象，直接影响到当地的气候和生态环境。

（二）破坏海洋生态系统

石油在海面上的氧化和分解需要大量的氧气。据统计，1 L 石油完全氧化达到无害程度，大约需要 4 万 L 的溶解氧。造成海洋中 O_2 减少，CO_2 相对增多，以及进入海水中的太阳光减少，使海洋中大量藻类和微生物死亡，厌氧生物大量繁衍，海洋生态系统的食物链遭到破坏，从而导致整个海洋生态系统的失衡；石油泄漏到海面，几小时后便会发生光化学反应，生成醌、酮、醇、酚、酸和硫氧化物等，对海洋生物有很大的危害；海水含油量在 0.1 mg/L 时，孵出的鱼苗大多有缺陷，海洋石油污染使石油黏附在鱼卵和鱼鳃上，使鱼类大量死亡；许多海鸟也因为翅膀黏附石油而不能飞行或在海中浮游以及食用被石油污染的鱼虾而生病死亡。由于向海洋排放的含有污油废水的比重大于海水，以及泄漏后的石油滴会黏附在海洋悬浮的微粒上沉落海底，这些有毒物质常常沿海底流动，污染了海底的底质和生物等，使生物大量死亡，破坏了海洋生物的多样性。海洋一旦遭到油污，后患将持续几十年。1991 年海湾战争期间泄漏入海洋的石油数量高达 150.7 万 t，使当地沿岸生态遭受毁灭性破坏，生态恢复至少需要 100 年时间。

（三）制约人类社会和环境的可持续发展

海洋作为一个巨大的资源宝库，是人类可持续发展的重要物质基础。海洋石油污染的发生使鱼、虾、贝类大量死亡，海带、紫菜等藻类腐烂，直接影响了海洋养殖和捕捞业的发展；石油污染物的生物富集作用严重影响了海洋生物的健康，人们食用这些被污染的海产品也会造成慢性中毒，甚至危及生命；海水中含有的石油及石油氧化物污染了海水，使沿海地区的海盐、海洋化工等生产受到影响，也污染了沿海地区的地下水；大量海上泄漏石油被海水冲上潮间带，形成很厚的石油覆盖层，污染了海滩并使沿海的植物、海鸟、海兽等死亡，也大大降低了空气质量和一些沿海景区的旅游价值；严重污染则使生物大量灭绝，海洋食物链中断，使人类丧失至关重要的海洋食物源；营养盐的大量排放，会使藻类过量繁殖，超量消耗水中养分，最后导致大量海生物的缺氧死亡而产生"赤潮"。"赤潮"通常是指海洋中一种或几种有害藻类在一定环境条件下爆发性增殖或聚集达到一定水平，引起海水变色或其他海洋环境异常，并对海洋中其他生物产生危害，引起鱼、虾、贝类死亡或在海洋生物体内蓄积毒素，最终通过食物链产生毒害作用的一种生态异常现象。这些死亡生物在腐烂时进一步消耗氧分并产生硫化氢成分，使该水团成为缺氧空洞，"赤潮"流动到哪里，哪里的海生物就大批死亡。我国曾多处发生过"赤潮"。海洋荒漠化使海洋水循环蒸发环节减弱，进而影响整个系统，使陆地上降水减少、荒漠化现象更加严重，对全球灾害性天气的产生和气候变化也具有明显的影响，不利于环境的可持续发展。

四、海洋环境污染的历史教训

海洋环境严重污染区域多出现在船舶密集区域和沿海工业发达的海区。由于人们对海洋自净能力的估计过高，致使海洋一度被视作天然的垃圾处理厂，工业污水和陆地废弃物全都向海洋排放，船舶则毫无限制地排放着含有各类有害物质的洗舱水和船舶垃圾，致使沿海海域和封闭海域被严重污染。波罗的海、地中海、日本的濑户内海和东京湾、墨西哥湾等一度成为污染最严重的海域。这些海域污染的共同征候是海水变色发臭、鱼类和鸟类大量死亡和灭绝、浮油和垃圾使海滨浴场及旅游胜地废弃、沿海树林和植物病枯、海生物畸形和变味、海洋底土腐臭使贝壳类全部死亡，以及出现了"公害病"人群等。

日本在 20 世纪 70 年代前后，大量工业污水排入海域，使东京湾、濑户内海和伊势湾等严重污染。沿岸海水透明度下降，呈褐色或黑色。一些水产资源濒临灭绝，而具有油臭味的鱼、带有烂斑的海带大量出现，食用被污染海产品而得病的人越来越多。濑户内海海底全是发臭的污泥，成了海生物的坟墓。全日本一度成了"公害列岛"。一些地区的居民由于长期食用受污染的海产品，大量的有毒物质和重金属积累于人体，使大批居民患上了痛苦难忍的"水俣病"或"骨痛病"，一些居民因不堪痛苦而自尽。严酷的事实引起了政府的重视，从调查到赔偿花费了十多年时间，最终促使日本政府下决心从严治理海洋环境污染。

波罗的海是封闭型海域，周边国家众多，工业发达，海上交通繁忙，但大量的污染物排放和废弃物倾倒，一度使该海域几乎成为死亡之海。海洋生物体内的汞、DDT、多氯联苯含量严重超标。过量的营养盐使藻类疯狂繁殖，导致海水水体出现无氧区，大部分海底被含有硫化氢的海水覆盖，一部分海域已无海洋生物存在的残酷事实终于使波罗的海沿岸国家达成了联合治理污染的共识。

海域污染加剧导致赤潮肆虐。近 20 年来，赤潮已经成为国际最严重的海洋生态灾害。在 1980—2002 年，中国有记载的赤潮共有 491 次，2001 年和 2002 年，赤潮频次超过 70 次/年。1998 年 9 月 18 日至 10 月 15 日，渤海发生特大赤潮事件，面积达 5000 km^2，范围遍及辽东湾、渤海湾中部海域，造成海洋水产的直接经济损失约 5 亿元。1998 年春，特大赤潮袭击香港，赤潮优势种为环沟藻，是香港有史以来最大的赤潮，危害了 1500 多吨养殖鱼，香港政府估计这次灾难损失至少 8000 万港币。

五、保护海洋环境是每位海上设施作业人员的社会责任

海洋环境是指人类赖以生存和发展的，包括海洋水体、海底和海水表层上方的大气空间，以及同海洋密切相关，并受到海洋影响的沿岸和河口区域在内的自然环境。

保护海洋环境，既是国际公约、港口国立法和港口规定赋予海上设施作业人员的法律义务，更是海上设施作业人员作为一个社会人应有的职业道德和应承担的社会责任。保护海洋环境，不仅有利于社会，有利于海上设施作业人员自身和家人，更关系到子孙后代的生存和健康，因此是每位海上设施作业人员应尽的责任。那些为了贪图方便或为公司省钱着想而故意违章排放船舶污染物的行为，显然不符合社会利益和家庭利益，为社会公德和个人良知所谴责，为法律所不容。

日趋严格的港口国监督和船旗国监督、先进的遥感技术的应用、频繁的检查和严厉的污染处罚，使得任何心存侥幸的排污行为随时可能面临承担法律责任和巨额的经济赔偿。《中华人民共和国刑法》第三百三十八条规定，对构成污染环境罪的严重污染环境行为，处三年以下有期徒刑或者拘役，并处或者单处罚金，情节严重的，处三年以上七年以下有期徒刑，并处罚金。2015年，美国根据消费价格指数的变化调整了美国《1990年油污法》条款中船舶责任限制金额。与此相适应，美国海岸警卫队颁布了最终规则。根据2015年生效的新责任限制规则，3000总吨以上的单壳油船，调整为"每总吨3500美元或25845600美元，以二者中赔偿限额高者为准"；3000总吨以上的非单壳油船，调整为"每总吨2200美元或18796800美元，以二者中赔偿限额高者为准"。对于小于等于3000总吨的单壳及双壳油船和"其他任何船舶包括任何装载食用油的油船和溢油应急反应船舶"的责任限额也做了相应调整。属于油污事故责任方或其雇员，或责任方的合同关系人员有重大过失或故意不当行为的，不能享受责任限制。不能享受责任限制的油污事故，对于大公司意味着巨大的经济损失和船员收入的减少，对于中小型公司则意味着公司倒闭和船员失业。

第四节　油污应急器材及其使用

船舶发生污染海域事故，应立即向当局（我国为海事局）报告。在海水中使用吸油和除油材料，应尽可能事先实施围控。船舶使用消油剂，必须事先向当局申请，经批准后方可使用。

一、海上溢油的一般处理过程

1. 使用围油栏等围油材料将溢油围挡防止其扩散；
2. 使用油回收船、吸油装置吸油，将大部分溢油回收；
3. 使用吸油材料回收残留的少量溢油；
4. 喷撒油处理剂将无法回收的油乳化分散在海水中或生物处理方法等处理。

二、油污染处理手段分类

1. 机械处理：如使用围油栏、收油器、吸油材料等。
2. 生物处理：如使用嗜油微生物等。海洋中的某些微生物具有较强的氧化和分解能力，因此在溢油海区播撒营养物质，使微生物大量繁殖，从而促进溢油的氧化和分解，达到清除溢油的目的。经验证明，有些微生物能氧化分解75％的原油。
3. 化学处理：如消油剂、集油剂、凝油剂等。
4. 燃烧处理：船舶事故等造成大面积溢油污染时，采用燃烧处理，可清除大部分溢油，但使用这种方法要及时并且油膜至少厚 3 mm。

三、围油栏

（一）围油栏基本结构和种类

围油栏是一种水域防止溢油扩散、缩小溢油面积、转移溢油和保护水域环境的防污染器材（图 4-1）。围油栏的结构种类很多，但基本上由浮体、裙体和配重链组成。船用围油栏大多为固体浮体式、气体浮体式、充气式。轻型围油栏高 500～700 mm，中型围油栏高 700～800 mm，重型围油栏高 900～1000 mm。

图 4-1　围油栏

（二）围油栏使用方法

固体浮体式围油栏大多为 20 m 一节，充气式围油栏大多为 30 m 一节，使用时需把多节围油栏连接起来。连接方法有卸扣连接、螺钉连接等。

围油栏在甲板上连接好后，尽可能用船舶装卸设备吊放入海，或用其他能避免围油栏与船体摩擦的方式投放。围油栏下水前必须整理裙体和绳系，避免扭曲和缠结，确保围油栏下水流畅和水中姿势正确。投放时，水面应有小艇配合，避免堆积。如果有足够数量的围油栏，溢油尚未大面积扩散，通常采取围控措施，即把溢油包围在船旁；如果围油栏数量不足以围控，可用两艘小艇拖带围油栏进行扫油，包围较多溢油后，腾出一小艇清除围住的油污。如果有三艘小艇，则可采取两小艇扫油，第三艇在围油栏内除油的方案。除油结束后，应谨慎地回收、拆解和清洗围油栏，晾干后按厂家要求存放。

四、吸油材料

目前使用的主要吸油材料有无机材料、天然有机材料、人造聚合材料等。

这里概要介绍木屑、草袋、吸油毡的使用方法。

（一）木屑、草袋的使用

木屑、草袋属于天然有机吸油材料，具有吸油的表面，能够成功地吸着自重 5～10 倍的溢油，最适合吸着风化原油和重油。木屑和草袋吸水性强，应储存于干燥通风处，谨防潮湿，严禁雨淋。

木屑和草袋用于吸着船上溢油时，可一边派人采取关阀、移驳等阻止继续溢油的措施，一边在溢油下游处铺设草袋和木屑围堵和吸油。油流大时应构筑围堰并在其上加压重物以防冲决；向回收（上游）的溢油抛掷足够的草袋和木屑，用扫帚等反复搅抖木屑使之充分吸油；清除上游已吸油的木屑和草袋，再次播撒木屑并搅拌，直至甲板溢油全部吸干净。以同样方法处理下游的围油处所（该方法同样适用于有毒液体物质的处理，但处理人员应采取防毒措施）。已吸着溢油的木屑和草袋应集中堆放和迅速处理，防止二次污染和积热自燃。通常是在船上焚烧处理或卸岸处理。

用木屑和草袋吸附水中溢油时应做到：

1. 先用围油栏围控溢油，没有围油栏的船舶可用漂浮的化纤缆绳代替，以控制溢油和吸油材料的漂散，方便吸油作业和回收吸油材料。

2. 用小艇向溢油面播撒木屑和草袋。

3. 在吸油后应立即捞出木屑和草袋，因其吸水量大，长时间留在水中会因吸水后重量变大而沉入水下。

4. 已吸油的木屑不易回收，可用两小艇用拖网方式慢速拖曳少量围油栏聚拢木屑，边拖边捞，也可自制回收装置或请专业船回收。

5. 一边收缩围控设施，一边用小艇捞起积聚在围控设施处的木屑。

6. 从水中捞起的吸油材料应尽快焚烧处理。

（二）吸油毡的使用

吸油毡通常用聚丙烯等人造聚合物材料制作，也有用棉花纤维的。主要用于海事船舶、水面溢油应急处理，尤其适用于处理大面积原油的溢漏油事故。吸油毡吸油量通常为自重的 10～20 倍，吸水量应小于自重的 1.5 倍，在通常保管情况下性能变化很小，使用后容易回收，可以燃烧处理。一般都具有易吸油、不亲水、比重小、吸油前后浮于水面不变形的独特优点，且具有吸油倍数高、吸油速度快、无污染、焚烧不产生毒废气、易于储存、耐高温、可重复使用的优点。

海上使用吸油毡，通常在围控状态下，用小艇向溢油多处呈水平投放，在一面吸油后翻面充分吸油。对吸足油的吸油毡应及时回收。最好使用足够数量的吸油毡，使其处于吸油未饱和状态而不断吸油。当余油稀薄时，应逐步缩小围控范围。使用吸油材料时，不得使用消油剂，以免降低吸油能力。回收的吸油毡应及时焚烧处理，并防止滴出的含油污水二次污染水域。

五、油处理剂

（一）集油剂

将扩散压比溢油扩散压大的化学试剂撒在溢油的周围，那么溢油的扩散就会被抑制，油面收缩，从而溢油会被聚集起来，这种化学试剂就称为集油剂。它是一种界面活化剂，不溶解于水，不使溢油乳化，对鱼类毒性小。集油剂也称化学围油栏，把它撒在溢油周围，短时间内溢油向中心压入而集中，从而起围油栏作用，把油控制起来。

（二）消油剂

消油剂是一种用来减少溢油与水之间的表面张力，从而使油迅速乳化分散在水中的化学试剂，是目前使用最多的溢油处理剂，通常由主剂和溶剂组成。现有消油剂多为毒性较低的酯型，分为普通型和浓缩型。船舶使用消油剂，通常是在回收大部分溢油后处理水面残油，或是因风浪大无法回收溢油时使用。消油剂的使用多采用直接喷洒的方式，浓缩型按说明书稀释后喷洒，但无论如何，在沿岸国管辖区域内使用消油剂前，务必事先向当局申请，说明其牌号、用量和使用地点，经批准后方可使用。

（三）凝油剂

凝油剂是一种使溢油凝胶成块状的化学试剂。主要用途：一是用来使事故油船内的残油迅速固化成凝胶状，防止油从破孔中流出来；二是用来使已溢出在海面上的油固化成凝胶状，防止扩散以便回收。

第五节　油污应急计划

150 总吨及以上的油船和 400 总吨以上的非油船均应备有经主管机关批准的船上油污应急计划，油污应急计划根据 MARPOL 73/78 公约附则 I 的要求使用船上人员的工作语言编写。油污应急计划编写的目的是当船舶发生油污染事故时为船长和其他船上人员采取相应的措施提供指导。计划应包括国际海事组织（IMO）指定的"船上海洋污染应急计划编制指南"所要求的全部资料和操作程序。附件中包括所有与本计划有关联的单位名称、人员姓名、电话号码和其他有关资料。油污应急计划需经主管机关批准，除计划的第五章（其他信息）和附录外，未经主管机关许可，计划的任何部分不得随意改动。船舶所有人、营运人、经营人必须保持附录中的内容为最新信息资料。

这里专门介绍溢油控制措施。

溢油控制措施包括船舶营运过程中的溢油、由于海损事故而发生的溢油。

（一）船舶营运过程中的溢油

发生溢油事故时的应急反应程序（表 4-1）：

1. 作业过程中发生溢油事故，船长应立即向全体船上人员发出船舶应急反应部署命令，全体船上人员按"溢油应急反应部署表"规定的职责，迅速到达自己的岗位。

2. 船长按"报告程序"的规定，立即向海上安全主管机关报告并根据情况向港口有关部门以及与本船有关的部门通报。

3. 在确定泄漏源和原因的同时，立即采取控制措施，用吸油材料等油污清除设备和材料，将已溢流在甲板上的油围住、收集在一起，使排泄到船外的溢油量限制在最低程度。

4. 在进行加装燃油作业中发生溢油事故时，应立即停止该项作业，在溢油事故原因未查出并清除之前，不准再进行该项作业。

5. 尽快用围油栏或代替物等将溢入海面的油围住防止扩散，同时用吸油材料回收溢油。

6. 最后可用消油剂将油污清除，但使用前必须得到主管机关的许可，而且必须使用符合技术标准要求的物品。

7. 在做最后处理之前，船上应精心地保管回收的污油和清洁使用过的材料。

8. 当本船无力清除海面溢油时，应立即请求有关单位援助。

表 4-1 某船溢油应急反应部署表

编号	职务	姓名	负责部位	职责
1	船长	×××	驾驶台/溢油现场	总指挥，对外联系
2	大副	×××	溢油现场	协助轮机长做好溢油现场指挥工作
3	二副	×××	驾驶台/溢油现场	值班，采取应急措施，做好现场记录
4	三副	×××	溢油现场/回收艇现场	提供并携带防污器材， 协助指挥放艇，回收清除溢油
5	驾助	×××	溢油现场	防止溢油扩散，回收清除溢油
6	水手长	×××	溢油现场/回收艇现场	提供并携带防污器材， 协助指挥放艇，回收清除溢油
7	木匠	×××	溢油现场	检查甲板出水孔，关闭有关通道，回收清除溢油
8	一水	×××	溢油现场/回收艇现场	艇员，放艇、随艇下，回收清除溢油
9	一水	×××	溢油现场/回收艇现场	艇员，放艇、随艇下，回收清除溢油
10	一水	×××	溢油现场	携带防污器材，回收清除溢油
11	一水	×××	溢油现场	防止溢油扩散，回收清除溢油
12	轮机长	×××	溢油现场	现场指挥
13	大管轮	×××	机舱/溢油现场	管理机舱设备，回收清除溢油
14	二管轮	×××	溢油现场	采取应急措施，控制有关阀门， 防止溢油扩散，做好现场记录
15	三管轮	×××	溢油现场/回收艇现场	协助放艇，随艇下，操作艇马达，回收清除溢油
16	电机员	×××	机舱/溢油现场	管理电站，回收清除溢油

编号	职务	姓名	负责部位	职责
17	机工长	×××	溢油现场	提供并携带应急工具和防污器材，回收清除溢油
18	一机	×××	机舱	机舱值班，协助大管轮管理机舱设备
19	一机	×××	溢油现场/回收艇现场	艇员，协助放艇、随艇下，回收清除溢油
20	一机	×××	溢油现场	携带防污器材，回收清除溢油
21	一机	×××	溢油现场	防止溢油扩散，回收清除溢油
22	大厨	×××	厨房/溢油现场	检查厨房火情，关闭有关通道，回收清除溢油
23	医生	×××	溢油现场	携带急救医疗器械、药品
24	一级服务员	×××	溢油现场	回收清除溢油

（二）由于海损事故而发生的溢油

发生海损事故溢油时的应急反应程序：

1. 船长应立即向全体船员发出船舶应急反应部署命令，全体船员按"溢油应急反应部署表"规定的职责，迅速到达自己的岗位。同时考虑船舶的应力和稳性。

2. 船长按"报告程序"的规定，立即向海上安全主管机关报告并根据情况向港口有关部门以及与本船有关的部门通报。

3. 为减少溢油量，应按照不同溢油原因采取不同控制措施。

4. 如有可能及时布设围油栏或其他等效器材（如可漂浮的缆绳等），以防止溢油扩散，并尽可能利用吸油材料和回收油设备等将油回收。

5. 如必要并可行，可将舱内余油调驳到其他船，以防止继续溢油。

6. 当使用消油剂和凝油剂时，应考虑周围环境，使用符合技术标准要求的物品并得到主管机关的批准。

7. 当弃船时，应关闭燃油管路的进口阀和旋塞以及连接到燃油舱的透气管口的开口。

由于海上设施种类繁多，建议海上设施油污应急计划根据各公司相关规定或参考船舶油污应急计划编制。

第五章

海上设施保安

第一节　海上设施保安基本知识

一、海上设施保安概述

中国是国际海事组织（简称 IMO）A 类理事国（是指在提供国际航运服务方面有最大利害关系的国家），国际海事组织主要通过了《国际海上人命安全公约》（简称 SOLAS 公约）和《国际船舶和港口设施保安规则》（简称 ISPS 规则）。这些公约和规则自 2004 年 7 月 1 日生效，中国作为缔约国，负有全面履行公约和规则的义务。

为进一步加强国内航行船舶和港口的保安管理，降低保安风险，防止保安事件发生，交通运输部于 2007 年发布了《中华人民共和国港口设施保安规则》和《中华人民共和国国际船舶保安规则》，均于 2016 年、2019 年进行两次修订。

常见术语含义：

1. 船港界面活动，是指船舶与港口之间的人员来往、货物装卸或者接受港口服务时发生的交互活动。

2. 港口设施，是指在港口发生船港界面活动的场所，包括码头及其相应设施和航道、锚地等港口公用基础设施。

3. 船到船活动，是指从一船向另一船转移物品或者人员且与港口设施不相关的行为。

4. 保安事件，是指威胁船舶、船港界面活动或船到船活动安全的任何可疑行为或者情况。

5. 保安等级，是指可能导致保安事件或者发生保安事件的风险级别划分。

6. 保安声明，是指船舶与其所从事活动的港口设施或者其他船舶之间达成谅解的书面协议，规定各自的保安措施及责任。

《中华人民共和国国际船舶保安规则》第三条规定，交通运输部主管全国船舶保安工作。中华人民共和国海事局负责具体执行 SOLAS 公约和 ISPS 规则规定的缔约国政府船舶保安主管机关的职责。交通运输部在沿海设立的海事管理机构按照本规则具体履行下列职责：①负责管理船舶保安员和公司保安员的培训，对通过规定的船舶保安培训并经考试合格者，签发相应的培训合格证；②接收船舶海上保安信息，并在法定的职责内按照规定的程序采取相应的行动；③向已经进入中国领海或者已经报告拟进入中国领海的船舶提供相应的保安信息，向相关部门通报保安信息，并按照法定职责采取相应的行动；④实施船舶保安监督管理，检查《船舶连续概要记录》、《国际船舶保安证书》、《临时国际船舶保安证书》、保安报警装置、保安演习以及本规则规定的其他船舶保安事项，检查已经审核合格的船舶保安计划以及修订内容的有效性；⑤对船舶保安员、公司保安员实施监督管理；⑥中华人民共和国海事局规定的其他船舶保安职责。

按照《中华人民共和国港口设施保安规则》，交通运输部主管全国港口设施保安工作，省级交通运输（港口）管理部门负责本行政区域内的港口设施保安工作，港口所在地港口行政管理部门具体执行港口保安工作。

二、海上设施和船舶保安

（一）保安体系

对船舶保安员、公司保安员和港口设施保安员来说，了解相关设施保安评估及保安计划等相关知识，对更好地协调船/港及其他海上设施间的界面活动是至关重要的。

（二）海上设施保安员的选配和基本职责

海上设施应指定明确的设施保安员，其职责包括但不限于以下内容：

1. 结合相关的海上设施保安评估对其所在设施进行初次全面的保安检验；

2. 确保制订和维护海上设施保安计划；

3. 实施和执行海上设施保安计划；

4. 对海上设施进行定期保安检查，确保适当保安措施的连续性；

5. 就海上设施保安计划的修改酌情提出建议并进行修改，以纠正缺陷并结合海上设施的相关改变对计划进行更新；

6. 增强海上设施人员的保安意识和警惕性；

7. 确保负责海上设施保安的人员获得充分的培训；

8. 向有关当局报告危及海上设施保安的事件并保持记录；

9. 与相关公司和海上设施保安员协调实施港口设施保安计划；

10. 在适当时与提供保安服务的机构协调；

11. 确保负责海上设施保安的人员符合标准；

12. 确保正确操作、测试、校准和保养保安设施（如有）；

13. 在接到请求时，协助其他海上设施保安员确认要求登上海上设施人员的身份。

（三）海上设施保安事件应急反应和报告

海上设施保安计划中有关海上设施保安事件应急反应的规定，旨在向海上设施主要负责人、保安人员提供能够处理设施在遭遇保安威胁或因保安事件而遭受破坏时做出应急反应的程序，以确保最大限度地减少对海上设施以及人员造成的损失。

（四）海上设施保安计划中针对下列保安威胁或保安事件应拟定的应急反应程序

1. 遭遇海盗或武装攻击时的应急反应程序

（1）当发现海上设施遭遇海盗或武装攻击时

①应立即通知海上设施负责人、海上设施保安人员以及驾驶台（如不是自驾驶台发现遭遇海盗或武装攻击）；

②海上设施负责人接到通知后应立即上驾驶台，海上设施保安员接到通知后应携带海上设施内部对讲机设备赶赴现场；

③鸣放预先规定的警报，迅速集合船员；

④海上设施保安员在现场指挥，执行预定的应急反应程序。

（2）如可行，采取规避攻击海上设施的操纵行动。对于海盗船，可采用操作高压水龙喷射的方式，使其无法靠近。

（3）如海盗或武装人员正用带钩的绳索登船，在确保人身安全的前提下，可视图砍断其绳索。

（4）如海盗或武装人员已经登上海上设施，可将海上设施人员撤至预先安排的安全区，应避免和武装海盗或武装人员发生正面冲突。

（5）在海上人员撤离至安全区前，应锁闭驾驶台、机舱、舵机间、报房等处所。

（6）向周围海上设施和所在海域的沿岸主管当局报警，必要时可发出遇险求救信号。

（7）海盗或武装人员离开后

①保持高度戒备，严密搜索海面，防止海盗或武装人员再次回来侵袭，或遭受另一股海盗或武装人员的侵袭；

②迅速救治伤员；

③海上设施保安员负责检查现场，查明损失情况，并做好相应的记录；

④海上设施负责人员应立即向公司及当局报告。

2. 海上设施遭遇劫持时的应急反应程序

（1）如有可能，通报全体人员；

（2）如有可能，立即向公司和当局报警；

（3）尽量保持平静并尽量避免发生冲突，以避免刺激劫持海上设施者；

（4）除生命受到明显威胁外，不要抵抗武装劫持者；

（5）尽可能了解劫持者的劫持意图；

（6）尽量与劫持者建立沟通并提供合理合作；

（7）努力确定劫持者人数、武器和其他情况；

（8）试图确定劫持者的要求以及能给予的满足其要求的期限；

（9）如有条件，使用可靠通信设备供谈判人员与劫持者谈话；

（10）除当局有指示，海上设施负责人及其他人员不应试图与劫持者谈判。

3. 劫持者离去以后

（1）保持高度戒备，严防劫持者再次登船劫持；

（2）迅速救治伤员；

（3）海上设施负责人应立即向公司及当局报告。

4. 海上设施保安事件报告

在发生海上设施保安事件后，海上设施负责人员、海上设施保安员必须在规定的时间内向公司报告。为了规范报告，可在海上设施保安计划中对发生海上设施保安事件后的报告时限以及报告内容加以规定。例如可在海上设施保安计划中作如下规定：

如果发生海上设施保安事件，海上设施负责人员、海上设施保安员必须在24 h内报告公司保安员。

为了尽快地向公司传递必要的与海上设施保安事件有关的信息，建议海上设施保安事件报告采用以下标准格式：

（1）海上设施的名称；

（2）海上设施的位置（经度/纬度、方位/距离、港口/泊位）；

（3）邻近的海上设施；

（4）保安事件或威胁的性质和情况，以及日期、时间和地点；

（5）被指称犯罪的人数（包括是否是海上设施人员、乘客或其他人员）；

（6）犯罪的详细资料（姓名、国籍、出生日期、出生地点）；

（7）被害人的详细情况以及伤害的性质和严重程度；

（8）使用的危险物质或设备（详细描述：武器、爆炸物、其他）；

（9）把危险物质或设备带入海上设施的方法（人、行李、货物、物料或其他）以及所述设备、物件隐藏之处或使用之处；

（10）防止类似事件再次发生的建议措施；

（11）其他有关的详细情况（必要时）。

第二节　识别保安风险和威胁

为确保海上设施人员熟练履行其在各保安等级所承担的保安职责，提高海上设施保安意识和技能，并确保培训和演习提高海上设施人员应急反应能力，评审应急反应程序，发现需要加以解决的任何与保安有关的不足，根据规定，船舶保安员等相关人员必须了解当前的保安威胁及各自的特征。

一、当前保安威胁的主要形式

在海上设施作业过程中，针对海上设施、人员、物料和货物的保安，或附近海上设施保安的任何蓄意的可疑行为包括以下 9 种：

1. 对海上设施的损坏或破坏，例如通过爆炸、纵火、破坏或恶意行为；

2. 劫持或夺取海上设施或设施上的人员；

3. 损坏货物、海上设施关键设备或系统或设施物料；

4. 未经允许使用或进入，包括藏于海上设施的偷渡人员；

5. 武器或设备（包括大规模杀伤性武器）的走私；

6. 使用海上设施载运企图制造恐怖事件的人员和/或其设备；

7. 使用海上设施本身作为损坏或破坏的武器或方法；

8. 从海上攻击停靠或锚泊的船舶；

9. 海上攻击。

二、各类保安威胁的特征

海上攻击的保安威胁可划分为海盗行为、武装抢劫、武器毒品走私、偷渡以及恐怖主义行为。

（一）海盗行为

1. 小股海盗

通常由 4～10 人组成，其驾驶快艇对海上设施实施攻击。他们一般向海上设施投掷一种钩子勾住栏杆或外弦，然后爬上海上设施，对海上设施人员实施抢劫并洗劫海上设施上的货物和金钱。

这种海盗是以抢劫财物为目的，多数发生在内海或者海岸线附近。

2. 属于犯罪团伙的海盗

这类海盗在实施海上掠夺前通常有详细的计划，并具有牢固的基地和来自可靠渠道的情报，从而可以实施谨慎的有计划攻击。他们有大量的先进武器，并以现代化的通信方式与世界各地的犯罪集团甚至恐怖分子联系，随时获得商业信息。

此类海盗会对海上设施人员进行杀害并劫持设施，属于比较危险的类型。他们在作案时往往会伪装成地方政府的执法船只，以例行检查为名强行登上海上设施，或者驾驶快艇在海上设施后面高速追赶。有些海盗船联合行动，看起来更像是海上舰队。除了海上远程船只，一些停泊在港口内、近岸的货船也会成为该类海盗洗劫的大目标。

他们通常会对所劫持的船舶进行翻新，改变烟囱标志、更改船名、船籍港、修改发动机出厂编号，然后重新配备船员，伪造船舶文件，并航行到其他港口将货物和船舶卖掉。

（二）恐怖主义行为

1. 恐怖主义行为的概念

凡以无辜者作为目标，用非正常的暴力手段或以暴力相威胁，伤害其自由和生命，造成恐怖效果，以达到某种政治或社会要求的行为时称为恐怖主义行为。

2. 恐怖主义的特点

（1）恐怖主义行为具有政治性；

（2）采用的是非正常的暴力手段；

（3）打击对象是无辜者；

（4）进入 21 世纪的新型恐怖主义具有国际性、灵活机动、手段先进、高智能化、隐蔽性强及背景复杂等特点。

3. 恐怖主义的类别

按恐怖主义行为的性质划分，主要包括政府行为的恐怖主义和非政府行为的恐怖主义。后者的表现形式更为复杂，其又包括以下几种：

（1）以民族、种族、宗教为背景的恐怖主义；

（2）黑社会、黑手党、国际毒贩集团搞的恐怖主义；

（3）邪教性质的恐怖主义。

4. 联合国安理会的行动

联合国安理会第 1373 号决议（2001）呼吁所有国家，以一切手段打击恐怖主义行为对国际和平与安全造成的威胁，找出办法抓紧、加速交流行动情报，尤其是下列情报：

（1）恐怖主义分子或网络的行动或移动；

（2）伪造或变造的旅行证件；

（3）贩运的军火、爆炸物或敏感材料；

（4）恐怖主义集团使用的通信技术；

（5）恐怖主义集团拥有的大规模毁灭性武器所造成的威胁。

第三节　海上设施保安行动和措施

一、辨认危险装置的一般方法

海上设施保安员应指派熟悉危险装置辨认业务的人员对可疑装置进行探索，具体辨认方法包括以下几种。

1. 现场观察法

是通过视觉对可疑装置的表现特征、所处位置等所实施的外部检查，是一种最普遍、最简单的辨认方法。

2. 仪器探测法

是利用海上设施的探测设备，在一定范围内或针对特定的目标，为辨认可疑装置或其内部结构而实施的检测。

3. 生物探测法

使用经过专业训练的警犬、鼠类等敏感的嗅觉发现隐藏的炸药并结合专业知识对可疑装置进行辨认的识别方法。

二、辨认危险装置的一般程序

在辨认可疑危险装置的过程中，应遵循下列程序：

1. 先观察，再询问，后动手。

2. 先用探测仪，再使用人工方法。

3. 先检测外表，再探测内部。

4. 先远距离探测，再近距离辨认。

三、搜身和非侵犯性检查方法

根据 ISPS 规则 B 部分的规定，所有试图登上船舶或海上设施的人员均可能受到搜查。此种搜查最好由港口设施与海上人员密切合作，在船舶附近进行。除非有明确的保安理由，否则，不应要求海上人员搜查其同事或同事的个人物品。在进行此种搜查时，应充分考虑到被搜查人的人权，并维持其基本尊严。

搜身也是机场、口岸对人身及随身携带行李进行安全检查的一种方式，是世界各国普遍采用的一种查验制度。但其与船舶保安中搜身的性质、目的、方式各有异同。

（一）搜身

1. 搜身的概念

是指在制服和缉捕犯罪分子或犯罪嫌疑人的前提下，对其人身进行的搜索和检查。搜身必须由享有执法权力的机关、部门行使，必须符合法定的条件和程序。

各国法律明确规定，禁止非法搜身。其目的在于保护公民的合法权益和人格尊严，但并不排斥对事实的调查，关键在于搜身行为的合法性。例如，机场对乘客人身和行李的检查。

2. 搜身的目的

（1）查明和清除可能隐藏在犯罪嫌疑人身上的各种凶器；

（2）查获犯罪嫌疑人携带的罪证；

（3）探明旅客是否携带枪支、弹药、凶器、易燃易爆物品、剧毒品，以及其他威胁飞机、船舶安全的危险物品。

3. 搜身的方法

对拟登船人员以及航行中已登船的可疑人进行搜身，必须坚持安全而有效的原则。常见的搜身方法有以下三种。

（1）展背靠墙搜身法

是指利用墙壁或其他支撑物来完成的，让可疑人员靠在墙边，双腿尽可能叉开，低头朝下，用双手指尖触墙，船舶保安员从后面自上而下摸索其全身的方法。

（2）俯卧式搜身法

要求可疑人员面向下卧倒，双手交叉置于脑后，船舶保安员揪住可疑人的头发和交叉在头后的手指，用一只膝盖置于其髋部进行搜身。

（3）下跪式搜身法

要求可疑人员跪在地上，手指交叉置于头后，船舶保安员擒住可疑人交叉双手的小指与头发，一只膝盖放在犯罪嫌疑人的背后，另一只手进行搜身。

4. 搜身时应注意的问题

（1）搜身时必须保持高度警惕。

（2）应采取正确的搜身方法。搜身时，不能让可疑人原地站立，应命令其靠住身体。在没有依靠物时，应采用下跪式搜身法。

（3）对可疑人员应进行全面搜身。一般按从上到下、从前至后的步骤进行，不能只搜上身，不搜下身。

（4）搜身一般要求用手挤压、触摸翻动。

（5）搜身必须认真、彻底、不留任何遗症，不能搜出一件凶器就放弃进行全面搜身。

（6）搜身时要注意凶器隐藏部位。尤其应注意帽子、衣领、护腕、腋下、小腿内侧等可能隐藏凶器的部位。

（二）非侵犯性检查方法

为了切实保护公民的人身权利，采取适当的方式和技术手段，在尊重人格尊严的情况下，对所有试图登船人员进行非侵犯性的安全检查，从而达到查清事实的目的，这是被各国法律所承认的。

非侵犯性的安全检查是为了防范和制止危害船舶安全非法行为的发生，保障船员、旅客的人身安全而采取的一项预防措施。其主要的检查方法包括以下几种。

1. 证件检查

真实、合法、有效的证件可以证明一个人的真实身份。船舶保安员对试图登上或已登上船舶的人员进行的证件检查，目的就是通过对证件真伪的判定和对证件记录内容与持证人的核对，查明登船人的真实身份，从身份方面确认或排除对被检查人员的怀疑。

（1）证件检查的种类

①居民身份证；

②护照与签证；

③其他身份证件。

（2）证件检查的内容

①确认人、证相符；

②核对证件内容；

③判定证件真伪。

（3）检验证件时的注意事项

①始终注意持证人的反应；

②边查边问；

③注意安全防范；

④防止发生差错。

2. 磁性探测器的近身检查

港口检查员手持一种金属探测器，贴近旅客身体搜索全身上下前后。仪器遇到手表、衣袋内的钥匙、小刀、纪念章等金属物后即会发出特殊声音，旅客则需要从衣袋内取出全部金属物再进行检查，直到检查员消除怀疑为止。

3. 通过安全门的检查

安全门是一种门式检查装置，所有拟进港登旅人员需从门框内通过，如果身上携带金属装置就会发出信号。之后，检查员会对有怀疑的人再做搜身检查。

4. 物品检查

物品检查主要是对箱包的检查，实践中通常的做法与所应坚持的原则包括以下几种：

（1）人、包分离，控制被检查人员的物品。一般采取将全部手提物品放在输送带上，通过红外线透视仪器检查。检查员通过监视荧光屏观察物品，对有怀疑的物品实行开箱检查。

（2）检查物品的步骤应遵循一看、二听、三闻、四摸、五拆包的原则。

（3）对需要开箱检查的物品，应遵循轻开、慢拉、谨慎开启的原则。

（4）坚持轻拿、轻放、顺序检验的文明检查原则。

（三）自动闯入探测装置

自动闯入探测装置是指能自动感知危险情况发生的设备，它通常是安装在船上所需要防范的场所内（即船上的限制性区域内），主要由传感器和前置信号处理器组成，其核心部分是传感器。在船上，如使用自动闯入探测装置，该装置应能在不断有人值守或监控的位置启动声响和/或视觉警报。自动闯入探测装置一般可按工作方式、传感器种类、信号传输方式、应用场合、用途等划分为许多种类。以下主要介绍两种入侵探测装置。

1. 被动红外入侵探测装置

是指当被探测目标侵入并在所防范的区域空间内移动时，引起该区域红外辐射的变化，能够感知这个红外辐射的变化并进入报警状态的装置。

（1）特点

①隐蔽性好，不易被入侵者察觉；

②不用照明，昼夜可以使用；

③不发射能量，没有易磨损的活动部件，因而仪器功率低，结构牢固，使用寿命长。

（2）使用注意事项

①防范区域内的背景要求是静止的物体，如墙、被监控的物体本身等，因此，该装置最好安装在货舱、船员舱室等室内；

②该装置的正前方不应有温度易发生变化的物体，如暖气、冷冻设备的散热器等，也应避开空气调节孔及管道，较强的气流变化容易引起误报警；

③因红外辐射的穿透性能差，所以该探测装置的前方不应有障碍物，否则会造成"死区"，引起漏报警；

④该探测装置安装时不应正对着外部窗户，避免受到阳光或强反射光的照射，引起误报警；

⑤该探测装置应安装在不易振动的物体上，如果安装在振动物体上也会导致探测装置的振动，相当于背景辐射发生变化，会引起误报警。

2. 主动红外入侵探测装置

是指当入侵者进入所防范的警戒区时，遮挡红外发射机和接收机之间的红外光束，能响应红外光束被遮挡并进入报警状态的装置。

（1）特点

①组成警戒线的光束在红外波段内，处于不可见范围，便于隐蔽；

②该探测装置采用调制光技术，其抗杂散光干扰能力强；

③稳定性好。

（2）使用注意事项

①在该探测装置的防范区域内，不得有障碍物；

②在室外使用该探测装置时，必须注意清除防范区域内的干扰物；

③由于受天气情况的影响，在室外使用该探测器装置时，其控制距离将会缩短；

④必须经常检查镜头并消除镜头面上的灰尘或污垢，因为它们会影响探测装置的控制距离；

⑤为保证该探测装置能在室外更好地工作，不受太阳光的辐射，可采用截止滤光片，滤去杂散背景光中的极大部分能量，以使接收机的光电传感器在各种室外光照条件下的使用条件基本相似，确保工作正常。

（四）电视监控系统

电视监控系统是以获取防范目标的图像信息为手段的一种技术防范措施。船用闭路电视（CCTV）监控系统是船舶普遍采用的保安设备。

在船舶上使用该系统可与入侵探测装置联合使用。通常可将电视监控系统中必须使用的摄像机安装在两翼甲板，通过摄像机将被监视现场的图像信息及时传送到驾驶台的保安中心，船舶保安员通过监视器就可看到防范区域的活动情况，同时可以通过录像设备记录下来，作为日后处理某些事件的依据。

第六章

个人综合素养

第一节　海上设施工作人员人际关系

一、人际关系概述

人们在生活与工作中，通过各种交往、各种联系发生各种各样的相互关系。人们之间的交往、联系经常受到双方各自心理特征的制约，并且伴随着一定的心理体验与心理反应，如满意或不满意、主动或被动等。这种表示人与人之间相互交往与相互联系的关系，称为人际关系。人际关系既可以表现为个体与个体之间的相互关系，又可以表现为个体与群体之间的关系。

凡是有两个人以上并互相交往的人群中，就有人际关系的存在。在现实生活中，人们所从事的劳动和工作越来越复杂，社会化的程度也越来越高。一个劳动群体是由各类人员排列组合起来的人际关系构成的，当群体人数按算术级数增加时，群体内构成人员之间的相互关系则近似按几何级数增加。各行各业的生产和劳动既有严密的科学分工，又有严格的整体配合。这些都大大突破了人们原有的交往范围。人际交往更加成为劳动和工作的必要条件，人际关系也随之变得复杂多样。人际关系的复杂性不仅表现在各种关系的数量上，而且表现在人际关系的不同类型和结构上。

人际关系对人的行为经常产生积极作用或消极作用。我国是个历史悠久的国家，向来重视人与人之间的友情。良好的人际关系对调动职工的积极性有重大的影响。

二、良好的人际关系对海上设施工作人员的重要意义

由于环境、对象、利益关系不同，人际关系也有不同的表现形式。由于海上生活和工作环境的特殊性，海上设施工作人员人际关系有着显著的职业特征和特殊的交往原则。正确处理好海上设施工作人员的人际关系，有利于船舶及海上设

施操作安全和提高船舶营运效率，也有利于提高海上设施工作人员的工作积极性、潜能和创造性。良好的人际关系对海上设施工作人员的重要意义主要表现在以下几个方面。

（一）良好的人际关系有利于海上设施工作人员形成群体感

良好的人际关系有利于形成同舟共济、克服困难的共识，以确保水上运输工作安全高效地完成。在每一个群体中，人们也许只是自觉或不自觉地意识到他们所遵循的共同规范，但是，这种潜意识的群体力将会促进人们自觉的意识，使之产生对群体的向心力。人们相处的关系如果是积极而友好的，每位海上设施工作人员的潜力所赋予的合力会得到充分的发挥。常言道："人心齐，泰山移。"尤其是当船舶或海上设施遇到应急事件时，这种合力是船上人员团结协作、克服困难、取得胜利的重要条件之一。

（二）良好的人际关系有利于减少海上设施工作人员工作上的内耗

海上设施工作人员之间沟通信息、调节情绪、互相配合、互相激励，能提高工作效率。海上设施工作人员在工作上，不仅需要严格的制度、明确的分工，还需要有和谐的人际关系。人与人之间的猜忌、冷漠、排斥、冲突不仅使人分散精力、浪费时间，而且造成毫无价值的心理消耗。古代圣人孔子曰："礼之用，和为贵。"如果海上人际关系比较协调，那么，有了意见就能及时沟通，出了矛盾就能及时解决。

（三）良好的人际关系有利于海上设施工作人员完成复杂的工作任务和形成完美的人格

互补型组合的人际关系有利于海上设施工作人员之间取长补短、相互配合。比如，一个性格内向的人结交一个性格外向的朋友，以便在日常工作中遇到困难时得到帮助，而性格内向的人又可以对性格外向的人产生某种克制作用。因此，人际交往中相异未必不相交。在日常生活中，每个人的生活经历、知识、能力、性格各自有别、各有长短。要完成一项复杂的工作，必须联合起来。海上航行的船舶、矗立在海上的设施犹如一个小社会，海上设施工作人员群体是由不同年龄、不同性格、不同经历、不同文化水平、不同兴趣爱好的人组成的。良好的互相配合、互为补充，构成一个对立统一、多彩而又和谐的整体。调节海上设施工作人员的人际关系，要依靠群众的力量，使各种专业人员之间产生互补，这才有利于船舶或海上设施安全营运，提高海上运输的经济效益。

（四）良好的人际关系有利于船舶或海上设施内部形成一个融洽、和睦、友好的工作气氛和环境

船舶或海上设施的操作绝对不是单一的个体行为，而是一个完整的合作活动的组织系统行为。西方管理学家有一种观点认为，"个人"观念为西方人带来很多困惑，因为西方人总是推崇个人的绝对作用和特殊地位。现代西方企业家更注

重团队精神和群体环境的建立。海上设施工作人员应时时注意处理好人际关系，加强同事与同事、上级与下级的沟通，要重视感情投资。一个人在苦恼的时候一句暖人心的话语、一个亲切的动作，都能激起对方感情上的满足，产生强烈的信任感。海上设施工作人员在海上长时间工作，客观条件会引起人们心理上的烦躁情绪。在孤独、焦虑的情况下，特别需要加强人与人的感情交流和信息互换，特别需要关心、理解和友谊，特别需要融洽和谐的工作环境。事实已经证明，人际关系越是和睦，人们之间的感情差距就越小，相互之间的信任度就越高，群体内的凝聚力就越大。

（五）良好的人际关系有利于海上设施工作人员的身心健康，促进个性的健康发展

人不能离群索居，离开交往，就会导致身心发展的残缺不全。人的交往需要经常充实新的内容，使心理需求不断向更高层次发展。工作节奏的简单乏味、海况恶劣、晕船难受等客观条件的影响，会使海上设施工作人员闷闷不乐、烦躁不安，有的甚至遇事发火，酗酒解闷。这种心境的恶性循环，不仅影响生产和安全航行，而且个体的身心健康也会受到损害。因此，海上设施工作人员应当了解人际交往的特点和掌握人际交往的技巧，正确对待海上生活的特殊性，加强自我修养，创造和谐的人际环境，保持良好的心境。

三、海上设施工作人员人际关系特点

海上设施工作人员由于职业的特殊性，人际关系既有社会人际关系的一般特点和规律，又有自己的特点和规律。

（一）海上设施工作人员人际交往的相对封闭性

海上设施工作人员工作和生活在船舶或海上设施上，朝夕相处在十分有限的空间内。在海上，人员的相互交往主要限于同船或同设施的同事之间，与社会相对隔离，这种封闭性是海上设施工作人员经常体验到的。小群体交往的封闭性对海上设施工作人员的心理会产生极大的影响。同时海上的群体心理气氛也会因客观条件的差异、离港时间的长短、人员素质和身体状况的不同而发生很大的变化。

（二）海员人际交往的开放性

海上设施工作人员人际关系具有船舶内部小群体交往的封闭性，同时又具有面向世界的开放性。海上设施工作人员会通过海上运输这个工作媒介与各式各样的人发生交往。所以海上设施工作人员人际关系小群体的封闭性特征是相对于船舶或海上设施内部而言的，在更广泛的意义上说，海上设施工作人员人际关系还具有显著的开放性。

（三）海上设施工作人员人际关系的频繁流动性

由于海上设施或专用倒班船的特殊性，海上设施工作人员不可能像陆地上的

工厂、机关那样长期固定在一个工作单位和空间。这一工作性质决定了海上设施工作人员人际关系具有频繁的流动性。

四、影响人际关系的因素

在一个群体中，人与人之间总会建立各种各样的关系，然而其密切程度各不相同，例如在船期间，有的成为莫逆之交，有的仅有点头之谊。社会心理学研究证明，影响人际关系的因素有如下几点。

（一）距离的远近

人与人在地理位置上越接近，越容易形成彼此之间的密切关系。

（二）交往的频率

一般说来，人们彼此之间的交往频率越高，越容易形成共同的经验，有共同的话题和共同的感受。

（三）态度的相似性

人与人之间有共同的理想、信念、人生观，对某个问题的态度相同，思想上和感情上就容易引起共鸣，形成密切的关系，俗语说："物以类聚，人以群分。"说明态度相似是形成友好的重要因素。

（四）需要的互补性

人们需要不同、性格不同，可以满足对方的需要，也是形成人际关系的一个重要因素。

（五）兴趣爱好

兴趣爱好也是建立人际关系的一个不可忽视的重要条件。兴趣相同的人在一起"三句不离本行"，相互启发、共同探讨，容易形成密切的人际关系。

五、交友的技巧

（一）容忍

西方谚语："多一位朋友，多一分容忍。"容忍是人生的维生素。感情上容忍并不降低自己的理想，那是包容对方而不是压抑自己。把对方看成一个"人"，并肯定他的存在。

有些人专门挑剔别人的缺点，这样是无法找到真正的朋友的。我们不能设立一个硬性的标准，希望每一个人都一样，也要求对方依着你的做法行事，或强迫他迎合你的喜好，而是应该容忍对方的缺点或怪癖，进而让你周围的人感到舒服和自由。

（二）承认

承认比接纳更进一步，与承认相比，接纳是消极的。一般人交友的习惯大多是完全接纳对方的缺点之后，再分享彼此的友谊。承认不仅表示包容对方的缺点，更表示以积极的态度努力去发现对方的优点和长处。

（三）重视

每个人有意无意地都会寻找赏识自己的人，下列原则可以作为重视对方的参考：

1. 为某件事和对方约定后不失约或食言；

2. 尽量能怀着感激的心情接待来访的人；

3. 你必须以特别的态度对待每一个人。

所谓"特别的态度"是因为任何人都不喜欢自己被列入一般船上人员的范畴，而希望别人能够把自己视为一个特别的人。这种以"特别的态度"对待对方，他心中的感受自然大不相同。

第二节　海上设施工作人员群体及其心理特征

一、海上工作和生活的特殊环境对海上设施工作人员心理的影响

海上工作生活环境和特点是影响海上设施工作人员心理状况的重要因素。

每个人在工作或生活活动中有着不同的职能，扮演不同的角色。在陆地上人们的工作和生活环境通常可以分为工作地点、社交场所和个人区域。但在船舶或海上设施上这三个区域是无法分开的。按照心理学的理论，提倡发展角色的多样化，这是很重要的心理卫生问题。船舶或海上设施上经常面临许多不确定的危险因素（如风暴袭击、船舶碰撞、突发火灾、疾病传染等）的刺激，有可能导致海上设施工作人员出现疲劳、寂寞、焦虑、抑郁、恐慌或情绪过度紧张等心理应激现象，久而久之，易引起海上设施工作人员的心理障碍或精神性疾病。

二、危害安全的不良心理素质

各类海上事故的人为因素从总体上分析约占 80%，其中绝大多数人为因素与海上设施工作人员的心理因素有关。

危害船舶或海上设施安全的不良心理素质主要表现为：

1. 意志不够坚强，不能正视面临的困难和矛盾；

2. 自我适应和调节能力差，面对复杂多变的环境惊恐失措；

3. 自我控制能力不强，缺乏理智，盲目冲动；

4. 悲观心理，面对困难和紧急局面不能迎难而上，而是消极应对，思维判断能力降低；

5. 骄傲自满和麻痹大意的心理共存；

6. 虚荣心强，对知识一知半解，在糊里糊涂中发生意外事故；

7. 侥幸心理，做事不脚踏实地，不严格遵守规定，侥幸过关，最终导致事故发生。

三、团队

（一）船舶或海上设施团队的概念

船舶或海上设施团队是由船舶或海上设施上全体人员组成的一个共同体，该共同体合理利用每一位成员的知识和技能协同工作，解决问题，达到安全航行或生产的共同目标。在这个团队中，所有成员为了共同的目标而努力工作，形成了特定的团队。船舶或海上设施团队成员之间在心理上有一定的联系，彼此之间发生相互影响。船舶或海上设施团队形成应具备这样一些基本要素：全体船舶或海上设施上人员有共同的目标，为完成共同的目标，相互之间彼此合作，这是构成和维持船舶或海上设施团队的基本条件。海上设施工作人员之间相互依赖，所有海上设施工作人员都应具有团队意识和责任心。

（二）良好的团队工作原则

作为良好的团队，应当具有明确的目标，每个团队成员为实现这些目标应具备相关的技能，具备实现理想所必需的技术和能力；团队成员之间能够进行良好的沟通，并且相互信任，能通过畅通的渠道交换各种语言和非语言信息；团队成员维护团队的利益，忠诚于团队，能够为团队作出承诺；团队能够顺利接纳新的成员，能够临时与第三方进行良好的合作；良好的团队还应当有优秀的领导，良好团队的领导者不一定依靠命令和控制团队成员来达到领导的目的。

（三）冲突

为了使团队有效地完成组织目标和满足个人需要，必须建立团队成员和团队之间良好的和谐关系，即彼此间应互相支持，行动应协调一致。但是，现实的情况是，个人间存在着各种差异，对同一个问题就会有不同的理解和处理，于是就会产生不一致，或是不能相容。也就是说，冲突在组织或团队内是客观存在的。

冲突可以定义为：个人或团队内部，个人与个人之间，个人与团队之间互不相容的目标、认识或感情，并引起对立或不一致的相互作用的任何一个状态。

冲突是普遍的现象，要有效解决团队的冲突，需要遵循以下三条原则：第一，要分清楚冲突的性质，建设性冲突要适当鼓励，破坏性冲突则应该减到最低程度；第二，要针对不同类型的冲突采取不同的措施；第三，充满冲突的团队等于一座火山，没有任何冲突的团队等于一潭死水，因此既要预防团队的不良冲突，也要激发团队的良性冲突。

预防不良冲突的具体方法有：加强组织内的信息公开和共享；加强团队成员之间正式和非正式的沟通；正确选拔团队成员；增强组织资源；建立合理的评价体系，防止本位主义，强调整体观念；进行工作轮换，加强换位思考；明确团队的责任和权利；加强教育，建立崇尚合作的组织文化；设立共同的竞争对象；拟订一个能满足各团队成员的共同目标；避免形成团队成员之间争胜负的情况。

第七章

海上设施信息交流和语言技能

作为人类社会最活跃的因素和力量，信息交流成为人类最基本的生活场景，信息交流和人们的日常生活、工作有着千丝万缕的关系，并成为社会生活和高效工作必不可少的手段。

第一节　信息交流概述

社会信息交流活动的物质基础是纷繁复杂的信息实体和信息资源，而纷繁复杂的信息实体和信息资源的功能发挥依赖于社会信息交流。

一、信息交流的含义和特点

信息交流是个人或团体通过符号向其他个人或团体传递信息、观念、态度或情感，是一个系统通过操纵可选择的符号去影响另一个系统，这些符号能够通过连接它们的信道得到传播，通过信息进行社会的相互作用。信息交流是人类社会最基本的活动，是一切人类交流的实质，是信息运动的方式和形态。

信息交流具有如下特点：

1. 物质性

信息交流必然借助于某种符号系统，利用某种传递通道来进行。

2. 实意性

信息交流中交流的不单单是信息载体，而信息内涵的交流才是其实质所在。

3. 双向性

信息交流的实质是信息的传输和交换，其中信息的传输是指信息从某一特定的时空向另一特定时空的流动和位移，信息的交换充分显示了信息交流在信息发送者和信息接收者之间双向作用的特征。

4. 目的性

信息交流有其具体的过程和方式，但其交流的主要目的并不在于过程和方式本身，而是通过具体的过程和方式极大地促进信息的利用和再生，信息交流的结果和效益是其目的所在。

二、信息交流方式

1. 按信息交流方式区分

按信息交流方式可分为直接信息交流和间接信息交流，这是人类信息交流的两种普遍形式和基本过程。

直接信息交流和间接信息交流各具优势，直接信息交流具有时间间隔短、交流选择性强、信息反馈迅速、感情色彩浓郁等特点，但又有使用范围有限、缺乏评价机制、信息准确性差、交流随意性强等不足之处，不能片面强调某一种信息交流方式的作用，二者具有互补性。各种信息交流的方式都是以语言或文字作为信息的载体，或者通过解码最终转化为语言或文字的形式。

2. 按信息交流范围区分

根据社会信息交流的具体特色，按信息交流范围将信息交流分为个体信息交流和组织信息交流。

第二节　语言技能对信息交流的影响

语言是人们最重要的交际工具。语言交流可以分为口头交流和书面交流两种形式。口头交流是指人们用说出声的语言来传递信息，书面交流是指人们用文字书写的语言来传递信息。书面交流是在人类创造文字之后在口头交流的基础上产生和发展起来的，二者有各自的特点，如表 7-1 所示。

表 7-1　口头交流和书面交流对比

形式	信息载体	辅助手段	适用范围	特点
口头交流	语音，一闪而过，用词狭窄，通俗易懂	语调语气，体态表情（信息损失少）	受时空限制	使用频率高，有较大灵活性，不具有可追溯性
书面交流	文字，用词广泛，严密，表意完整	标点符号（信息损失多）	不受时空限制	具有权威性，表述庄重严谨，重大事件常用书面形式陈述记录，具有可追溯性

一、语言技能对信息交流的影响

语言交流是信息交流中最常用、最直接的交流方式。语言技能直接影响信息交流的质量。

语言技能低而使信息失误既可能来自发送者，也会来自接收者，因为交流往往是双向的，语言障碍既影响发出正确的信息，又影响正确地理解信息。

作为信息交流的最重要方式，语言和文字是一种非常复杂、弹性极强、容量极大的音义形结合符号体系，在信息交流中是其他任何方式都无法比拟的，它表达手段丰富繁杂，表现内容包罗万象，我们应当重视语言技能的提高，使信息交流更方便、更准确、更快捷。

二、语言技能的提高

对于海上设施工作人员来说，提高语言技能首先是掌握这门语言，然后是熟练地使用语言。语言技能的提高主要是两个方面：一方面是努力提高语言的书面交流能力，另一方面是提高语言的口头交流能力。

1. 书面交流的基本要求

书面交流的最基本要求是准确，它包括用词贴切、造句规范和书写正确。

2. 口语交流的基本要求

口语交流的基本要求是发音准确，语调自然；用词通俗，表达浅显；思路清晰，自然流畅；姿态得体，表情自然。

3. 口语交流应注意的问题

（1）注意突出重要信息。口语表达的语音具有易逝性特点，信息保留时间短，因此应注意突出重要信息，以强化记忆，增强表达效果。

（2）注意纠正信息失真。口语表达所传递的信息容易被曲解，这是因为听者受某种干扰或自身原因而漏听、误听造成信息接收不准确、不完整而形成的。一定要注意口语的正确性和明晰性，力求做到准确、明白、清楚、无误；另外要注意检查交流对象的接收情况，进行必要的重复、回复，比如驾驶员发出舵令后要求值班水手重复和回复舵令。

（3）注意排除外界干扰。外界干扰一是周围环境嘈杂，二是周围环境出现转移听者注意力的事物。因此要选择合适的时间和空间条件，以达到理想的交流目的。

第八章

防止和控制疲劳

海上设施工作人员的疲劳属于职业疲劳，是海上设施工作人员在海上设施工作负荷和生活环境综合作用的机体功能和工作能力下降到某种程度时反映出来的生理和心理现象。疲劳是动物机体自我保护的本能，对避免因过度疲劳而损伤具有积极的一面。但对作业安全而言，过度疲劳常常导致事故，具有消极的一面。防止疲劳和及时消除疲劳，避免疲劳情况下作业，是确保船舶或海上设施持续性安全的必要条件之一。

IMO 海上安全委员会（MSC）在其 1999 年 5 月 19—28 日举行的第 71 次会议上审议了有关人员疲劳的问题，以及 IMO 对此应努力的方向。会议认为应制定切实可行的指南，向所有相关方提供有关疲劳的适当信息。因此，MSC 在 2001 年 5 月 30 日至 6 月 8 日举行的第 74 次会议上以附则的形式通过了《减轻和管理疲劳指南》。

疲劳之所以危险还因为无论一个人的技术、知识和培训水平如何，都会受到疲劳的影响。它不是人的缺点，而是人所处的状态。疲劳所产生的负面影响对人类生命安全产生了灾难性的危险，损害了海洋环境和人类财产。

第一节　疲劳的原因

疲劳是由于体力、脑力或情绪的消耗，造成体力或脑力下降，使得几乎所有的机体能力、力量、速度、反应时间、协调性、决策性或平衡性都受到削弱的现象。疲劳是一种处于睡眠和警觉状态之间的觉醒状态，是动物机体自我保护的本能，以避免因过度疲劳而损伤，具有积极的一面。它被公认为是造成多种交通事故的原因之一。

一、工作负荷

工作负荷是指脑力劳动和体力劳动时传入系统的负荷，是引起疲劳的主要原因。疲劳会对一个人的机能产生不利的影响，它可以降低船员个人和群体行为的有效性和工作效益，并可能导致错误的发生，从而引起对船舶或海上设施安全的损害。

二、睡眠不足

人体所获得的睡眠数量应能够使其精神饱满并保持警觉性，连续几天的睡眠不充足会使其警觉性降低，精神状态不佳，从而引发急性疲劳，不过通常经过一晚良好的睡眠就能够将其消除。如果这种睡眠不足，经过长时间的积累，就会发展成为慢性疲劳，慢性疲劳通常经过一晚的良好睡眠是不可能消除的。而疲劳对人体的各方面应变机能、操作技巧会造成诸多不良影响，易使海上设施工作人员无意识地产生不安全的行为，从而引发事故。

三、精神压力

为了消除或缓解海上设施工作人员的疲劳，首要问题就是要缓解海上设施工作人员的精神压力。海上设施工作人员的精神压力主要来源于：

1. 工作的不安全性或工资、奖金的延发、扣发造成的士气低落。
2. 海上设施工作人员间的相互歧视等引起的人际关系紧张。
3. 与社会、家庭分离，信息贫乏。
4. 长期与一群不同语言、国籍、宗教信仰和文化背景的人生活在一起。

四、生活和工作环境

长时间暴露在噪声大、振动大、高温、污染严重的环境中，以及船舶或海上设施的移动等，都干扰了海上设施工作人员的工作和休息，极易使海上设施工作人员疲劳。人群固定、单一，空间狭小，业余生活单调，使海上设施工作人员工作之余也不能得到很好的放松和调整，因此应该尽量改善海上设施工作人员的生活和工作环境。

总之，影响疲劳的原因很多，以上所述是最主要的因素，其他如抽烟、酗酒、身体状态、营养不良等，也是造成海上设施工作人员疲劳的不可忽视的因素。

第二节　海上设施工作人员的疲劳对作业影响

对于包括海运行业在内的需要一天 24 h 运行的连续运输方式和行业来说，疲劳被认为是一个关系到船员职业健康和安全的重要问题，它的存在使得在海上设施工作场所发生事故和伤害的可能性有了极大的提高。

最近研究发现，疲劳对人体机能的负面影响可以与酒精的作用相比。研究发现，连续 18 h 不睡觉对人体机能造成的影响相当于人体血液中酒精浓度达到 0.05％时的影响。当连续没有睡觉的时间达到 24 h，此时疲劳的影响与人体血液中酒精浓度达到 0.10％时的影响相同。更需要注意的是，此次研究的对象是一些得到了很好休息的学生，他们在整个研究期间没有被要求从事任何繁重的体力劳动。对于其他的人群，可能会受到相似的影响。

因为人们难以正确判断自己的疲劳程度，所以发生疲劳后是危险的。疲劳会对一个人的机能产生不利的影响，它可以降低海上设施工作人员个人和群体的行为的有效性和工作效率，并可能会导致错误的发生。除非采取措施减少疲劳，否则在注意力持续集中一段时间之后，疲劳感觉会长时间存在，从而引起对船舶或海上设施安全的损害。以下是疲劳对人体机能产生的影响：

1. 不能集中注意力。不能组织有效的活动，注意一些琐碎的小事而忽略了重大的问题，警惕性降低。

2. 记忆力降低。遗忘掉某一项任务或任务的一个部分，工作程序错漏，工作不认真等。身体疲劳的人在注意力和记忆力方面更容易犯错误。例如，身体疲劳的人经常会忽略连贯性工作程序中的一些步骤。

3. 决策能力降低。错误的判断和理解，没有注意应该做的事情具有冒险倾向。身体长时间疲劳的人为了节省精力，常常会选择一些具有高风险的工作策略。

4. 对正常、非正常或紧急情况的反应迟钝。疲劳能够影响一个人对刺激的反应、感知、领会或理解的能力，一旦出现这些刺激，疲劳的人需要更长的时间对它们做出反应。疲劳还会影响到解决问题的能力，而这种能力是处理新出现或新奇任务的组成部分。

5. 活动失去控制。不能保持清醒，提起重物时用不上力，语言发生障碍。

6. 行为改变。沉默寡语，沮丧，易发怒，具有反社会的行为。

7. 态度改变。估计不出危险，观察不到警告信号，具有较高的冒险倾向。

这些影响中的每一项都会对船舶或海上设施上的任何职位产生威胁，特别是对于那些具有重要安全责任的职位。如果一名海上设施工作人员因疲劳问题而没有完成被分配的工作任务，该海上设施工作人员无形中就造成了伤亡或事故的危险。任何危险管理策略都必须将重点放在通过消除疲劳产生的原因以减少此类危险的潜在发生上。船舶或海上设施上各种管理系统和工作程序都应受到严格的检查，以找出其中能够造成海上设施工作人员疲劳的设计上的缺陷。

IMO 通过对 1995 年的 6 个月所发生的事故进行评估显示，在 16％的重大船舶事故及 33％的伤亡事故中，有船员疲劳的因素在里面。显然，解决疲劳问题会对海上设施工作人员的安全产生积极的影响，它会通过减少对财产和环境的破坏及损害潜在地削减船舶或海上设施所有人、经营人或管理者的营运成本。

第三节 防止和消除海上设施工作人员疲劳的措施

一、疲劳的预防与消除

人类出现疲劳现象主要是因为没有得到充足的休息，无法从长时间的不睡觉和沉重压力的影响下恢复。除了受不睡觉的时间长短影响以外，疲劳程度还受到其他因素的影响，所从事工作的类型、工作和生活的环境、工作的时间等都能影响疲劳的程度。减少疲劳影响的最好方式之一是储存充足的恢复性睡眠。然而，由于诸如工作安排、生理节奏以及外在环境等因素的存在，获得充足的恢复性睡眠可能会存在一定的困难。

1996 年一份提交给 MSC 第 67 次会议的报告中也指出：疲劳与睡眠的连续性持续时间和质量有直接关系，没有足够睡眠时间的人很容易产生疲劳。日本海事研究学会 1993 年的一份报告指出：50％的搁浅和 38％的碰撞事故是由于疲劳和缺少睡眠引起的。1994 年一个法国研究小组的一份报告也表明：41.6％的交通事故源于睡眠原因。而 IMO 专家们认为对付疲劳的最有效的方法是保证船员获得高质量和足够的睡眠。毫无疑问对船员尤其是值班人员而言，有效的睡眠是保证航行安全的前提。

睡眠是解决疲劳的最有效的策略。一个有效的睡眠必须同时具有以下 3 个条件：

1. 合适的持续时间。每个人所需睡眠时间不尽相同，通常认为平均 7～8 h 是合适的。

2. 高质量的睡眠。每个人保持自己的睡眠处于深睡的过程中。

3. 较好的连续性。睡眠不应被打断。实践证明，一个持续 7 h 的睡眠其效果远胜于 7 个持续 1 h 的打盹。

但是，还要注意到失眠和嗜睡都会使人各方面的机能下降，如决策能力、反应时间、判断力、手眼协调能力及其他技能的做法。

人们需要深度睡眠。睡眠的质量并不都是一样的，也并不都能收到完全恢复体力的效果。仅仅疲劳还不能足以保证获得一次好的睡眠。一个人开始睡眠的时间必须与其生物钟保持同步，以确保睡眠的质量。如果睡眠的时间与生物钟不同步，将很难获得彻底的睡眠。

能影响疲劳和体能的另一个重要因素是休息。除了睡眠以外，可采用中断工作或改变工作的形式来休息。对于维持人体机能来说，休息或小憩是必需的。影响休息需要的因素是在休息前进行的工作持续的时间和工作强度、休息的时间、新工作的变化和性质。

研究表明，"短暂的小睡"作为短时间的缓解措施可以帮助在较长时间的清醒中保持身体机能。小睡最有效的时间是 20 min，也就是说，如果有机会就应该小睡。但是小睡也有某些缺点，一个潜在的危险是小睡如果长于 30 min，将会导致睡眠惯性，而情景意识将会受到影响，醒来之后的 20 min 内将会头昏眼花和迷失方向。

IMO 已经开始关注到人的因素，尤其是人为失误。作为人为失误的主要原因之一，疲劳因素也得到了特别的重视。在 STCW 公约的规则 Ⅷ/1 中要求各主管机关为了防止疲劳应制定和实施值班人员的休息时间，并且要求值班制度的安排能使所有值班人员的效率不致因疲劳而削弱，并且班次的组织能使航次开始的第一个班及其后班次的人员均已充分休息。相应地，在 STCW 公约的 A-Ⅷ/1 节中强制要求所有分派作为负责值班的高级船员（或海上设施负责人）或参与值班的普通船员（或海上设施人员）以及涉及指定的安全、污染和保安职责的人员提供的休息时间应不少于任何 24 h 内最少 10 h 的休息时间；休息时间可以分为至多不超过两个时间段，其中一个时间段至少要有 6 h，连续休息时间段之间的间隔不得超过 14 h。

海上工作适度的疲劳是必然的，可以通过适当的休息、营养和娱乐使疲劳消除在船舶或海上设施配员日趋精简的形势下，有时需要海上设施工作人员长时间从事高强度的工作，例如在海上设施上出现突发情况进行紧急维修时，难免导致海上设施工作人员的过度疲劳。在不得已需要额外作业的情况下，应尽可能采取必要的安全措施，避免过度疲劳可能引发的事故。

海上设施工作人员应当养成良好的生活习惯，尽可能保持充裕的体力和精力，以满足日常作业和可能要求的额外工作需要。在过度疲劳的情况下作业，更应严格遵循安全操作规程，采取安全的做法。海上设施工作人员应当明了，足够营养的膳食、必要的休息和适度的娱乐，是消除疲劳、保持充沛精力的有效途径。良好的人际关系和心境，能避免不良心理因素导致的身心功能紊乱和由此诱发的疲劳和不安全行为。

二、人体生理节律、失效浴盆曲线对疲劳和作业安全的影响

负责值班安排和作业的海上设施工作人员，以及每个从事值班和作业的海上设施工作人员，应当了解人体生理节律和失效浴盆曲线对疲劳和事故的影响。人体在 23 时至次日 05 时左右会处于松弛和休眠状态，06—09 时机体活力上升，10—11 时机体活力最强，12 时体力总动员，13—14 时机体反应迟钝，15—22 时处于又一个兴奋波。同样的工作强度，易使处于人体生理节律低谷的人员疲劳而产生人为失误。这印证了海事为何最高峰值在 23 时至次日 04 时，次高峰值在 12—16 时（该时段包括了前后交接班的失效浴盆曲线影响）。其预防措施主要在

于充分的休息，适时进入工作角色，留有余地的操作方案和行动。

图 8-1 是经大量统计所得的产品或系统的故障（失效）规律，即失效浴盆曲线。早期失效期是系统的适应期，失效率随时间推移而下降；偶然失效期的特点是失效率低而稳定；耗损失效期的故障随时间的推移迅速上升。

每个值班和作业过程同样存在人为失误的浴盆曲线，早期失误是因为对情况不熟悉和对环境不适应，尚未全身心进入工作角色所致；后期失误是身心疲倦、思想分散所致。许多事故发生于值班/作业刚开始时和临结束时就是明证。

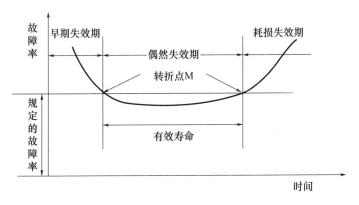

图 8-1　失效浴盆曲线

由此可见，应尽可能避免安排在人体生理节律的低谷时段作业，如果必须在该时段作业，则作业人员应具备充沛的精力和采取尽可能安全的做法。在作业的后期，疲劳的人员极易产生诱发事故的不安全行为，应避免将高难度、高强度和高危险度的作业放在作业后期。

第九章

滥用药物和酗酒的危害及控制

第一节　滥用药物的危害及控制

滥用药物与我们平时所说的"滥用抗生素""滥用激素"等滥用药物中的"滥用"概念截然不同。药物滥用（drug abuse），一般是指违背了公认的医疗用途和社会规范而过度使用或是滥用药物。这种使用往往是自行给药，因而对用药者的健康和社会都会造成一定损害。

联合国毒品与犯罪问题办公室 2009 年度报告显示，全球滥用各类违禁药物的人数达 1.7 亿～2.5 亿人，占全球人口的 3%～5%。报告特别指出，滥用含有国际管制物质的医药制剂现象日益严重，成为药物滥用的显著变化特征。药物滥用或依赖给人类社会带来巨大危害，摧残人生，破坏和谐，我国目前滥用药物的现象也日益严重，并出现了以下特点：

1. 药物滥用者的年增长比例总体上继续下降，趋势减缓，但以苯丙胺类物质为代表的国家管制的精神药品滥用比例呈较高增长幅度。

2. 在新发生药物滥用者中，海洛因、鸦片、大麻等国家管制的麻醉药苯丙胺等国家管制的精神药品，国家管制的医用麻醉药品和精神药品三类滥用明显呈现"一降、一增、一低平"变化趋势。

目前，我国规定的滥用药物涉及国家管制的麻醉药品（传统毒品与医用麻醉药品）、精神药品（新类型毒品与医用精神药品）、非列管药品（处方药、非处方药）以及"多组分合并物质"。

滥用药物的危害性：

1. 成瘾性，由于反复使用一种药物，身体对该药物的反应降低，以致耐受性提高，这种耐受性易使初使用者再使用，越使用越多，因而上瘾。

2. 由于滥用药物的自身毒性和过量及频繁使用，因此会产生毒副作用、严重损害人体器官，抑制胃、胆、胰消化腺体的分泌，从而影响食物的消化吸收，患者会出现食欲不振；亦可引起肺颗粒性病变、肺纤维化、肺梗死、肺气肿、肺结核等肺部感染；易引发癫痫、重度骨质疏松症等。

3. 会引起中枢神经的过度兴奋而衰竭或过度抑制而麻痹，精神极度亢奋或委靡不振，出现幻觉，易患中毒性精神病，严重者会神志不清甚至死亡。

第二节　酗酒的危害及控制

医学界将酗酒定义为：一次喝 5 瓶或 5 瓶以上啤酒，或者血液中的酒精含量达到或高于 0.08%。许多人有酗酒的不良习惯，据新华社报道，芬兰库奥皮欧大学和图尔库大学的基因专家经过长期研究，发现人体内一种基因的变异会导致过量饮酒和酗酒。这种基因的变异可造成人体中枢神经内神经肽蛋白质缺损，从而使人出现压抑的反应，而这种忧郁不快的心情往往使人不得不借助于杯中酒加以发泄。那么酗酒到底对人有什么危害呢？

一、酗酒的危害

（一）对身体造成严重伤害

酗酒会抑制大脑和神经，易致精神恍惚、幻听、幻视、记忆力下降，严重者会损害各组织细胞，降低机体免疫力，易患多种疾病。

1. 损伤肝脏

大量的临床试验证实：酒中的乙醇对肝脏的伤害是最直接也是最大的，能使肝细胞发生变性和坏死。一次大量饮酒，会杀伤大量的肝细胞，引起转氨酶急剧升高；如果长期饮酒，还容易导致酒精性脂肪肝、酒精性肝炎、酒精性肝硬化，甚至肝癌。

2. 酒精中毒

短时间大量饮酒，可导致酒精中毒，中毒后首先影响大脑皮质，使神经有个短暂的兴奋期，胡言乱语；继之大脑皮质处于麻醉状态，言行失常，昏昏沉沉，不省人事。若进一步发展，生命中枢麻痹，则心跳呼吸停止以致死亡。

3. 易患食管炎、胃炎、溃疡病

酒精对食管和胃的黏膜损害很大，会引起黏膜充血、肿胀和糜烂，导致食管炎、胃炎、溃疡病。还会诱发急性胆囊炎和急性胰腺炎。

4. 诱发脑卒中

酒精影响脂肪代谢，升高血胆固醇和甘油三酯。大量饮酒会使心率增高，血压急剧上升，极易诱发脑卒中。

5. 酒精中毒性精神病

当血液中的酒精浓度达到 0.1% 时，会使人感情冲动；达到 0.2%～0.3%

时，会使人行为失常；长期酗酒，会导致酒精中毒性精神病。

6. 营养失调

长期酗酒还会造成身体中营养失调和引起多种维生素缺乏症。因为酒精中不含营养素，经常饮酒者会食欲下降，进食减少，势必造成多种营养素的缺乏，特别是维生素 B_1、维生素 B_2、维生素 B_{12} 的缺乏，还影响叶酸的吸收。

7. 可致酒精性心律失常

酒精能使酗酒者出现心律失常，年龄越大、饮酒量越多，心律失常程度越严重、恢复越慢。长期饮酒还会使心脏发生脂肪变性，损害心脏收缩功能，引起继发性心肌病，可能造成猝死。

8. 导致骨质疏松症

抑制甲状腺素分泌，使肠道对钙、维生素 D 的吸收率下降，最终导致骨质疏松症。

9. 降低肾功能

酒精毒素蓄积，从而引起尿少、尿灼痛，甚至发生肾炎、肾结石、尿毒症，以致肾衰竭。

（二）妨碍公共安全

饮酒过量会出现醉酒，醉酒后由于中枢神经失去控制，为所欲为，胡言乱语，殃及四周，既扰乱了公共秩序，又妨碍公共安全。海上设施工作人员酗酒可能会严重影响工作，甚至是危及海上设施、海上设施工作人员的安全。

（三）酿成犯罪

醉酒的人由于大脑及各种神经系统失去控制会产生犯罪行为，如醉酒后驾驶机动车酿成大祸的案件屡见不鲜；感情冲动，在无意中伤害他人的事件也不胜枚举。

二、预防和控制

1. 自身一定要清楚地认识到大量饮酒对身体有严重危害。

2. 坚决禁止酗酒。

3. 适当、合理饮酒。

4. 如饮酒，首先一定要适度，另外一定要先吃一部分食物后再喝酒，同时做到少量及慢慢喝，多饮水；平时适当服用复合维生素、氨基酸药物；饮食应均衡，常喝蜂蜜、果汁，不要吃油炸及高脂肪食物。

5. 加强身体锻炼。

6. 有酒瘾患者需注意：在亲情上，家人、同事、朋友的关心与照顾是戒酒成功的重要保证；饮食上，清淡为主，可以多吃含维生素和蛋白质的食物，如胡萝卜、豆制品、小米粥等，同时多食新鲜的蔬菜和水果；治疗上，应在专业医生的指导下接受治疗，避免自己强制戒酒发生危险。

第二部分
救　生

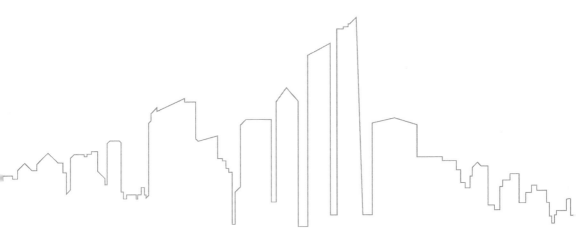

第十章

海上个人求生

第一节　海上求生的基本概念

当海上设施发生海难事故从而被迫决定离开海上设施时，海上设施所有工作人员应该充分利用海上设施的一切救生设备，并且充分运用所掌握的海上求生的知识和技能，沉着冷静地克服所要面对的海上的重重困难和危险，尽量延长遇险人员的生存时间，就会增加更多的获救机会，直至脱险获救或自救成功，这就是海上求生。

一、海难的定义和种类

海难是指海上设施在海上遭遇自然灾害或其他意外事故所造成的灾难。海难是一种灾难性事故，它可以造成严重的后果，表现为物质损失或灭失，甚至人员伤亡。海难种类繁多，常见的有碰撞、搁浅、触礁、火灾、爆炸、机器故障、船体破损、进水、严重横倾、恶劣的天气灾害等。

二、海上求生训练的目的和意义

虽然随着海洋资源的不断开发，海上设施装备技术越来越先进，但由于一些人为的失误或自然灾害，海难事故仍然时有发生，给人们生命和财产造成了巨大损失。国际海事界公认，80％以上的海上事故是由于人为因素造成的。一旦遇险，甚至被迫离开海上设施时，海上设施工作人员将直接面临生命的严重威胁，因此，这就要求每位海上设施工作人员都必须接受严格的海上求生训练，掌握海上求生的基本知识和技能，增强求生意志，提高生存信心，从而增加遇险人员在海上生存获救的机会，减少损失和人员伤亡。

通过海上求生的训练，要使每个受训者达到：

1. 清楚地知道各种救生设备在海上设施的配置情况；

2. 熟练地掌握海上设施配备的各种救生设备及其属具的正确使用方法;

3. 能正确进行弃海上设施演习并掌握弃海上设施求生信号;

4. 掌握弃海上设施时应采取的措施;

5. 锻炼受训者海上求生的意志,增强海上求生的生存信心。

三、海上求生的一般原则

通常,在茫茫无际的大海上,人员待在大型的配备齐全的海上设施上要比在任何救生艇、救生筏上都安全,只有当发生海难事故并会威胁到人员生命时,海上设施工作人员才能选择弃海上设施,进行海上求生。因此,要求遇险人员在进行海上求生时,必须掌握海上求生的一般原则:

1. 注意自身保护。在海上遇险求生中,求生者必须采取各种有效的措施保护好自己,避免使自己暴露在不利的环境中而受到伤害。

2. 保持救生艇筏在遇难海上设施的附近海面,沉着等待救援,以增加获救机会。

3. 合理分配使用有限的淡水和食物;积极搜寻淡水和食物;尽可能延长淡水和食物的供应时间。

4. 保持坚定的求生意志和信念,这是求生最重要的因素。

第二节　海上求生者面临的主要危险

当发生海难事故时,海上设施工作人员弃海上设施求生所面临的主要危险有溺水、暴露、晕浪、缺乏饮水和食物、受伤和疾病、悲观和恐惧、遇险者位置不明等。处在汹涌澎湃、无边无际的海上这样一个特殊的环境中,每一种危险都会随时随地严重威胁着求生人员的生命。因此,要求每一位船上人员必须勇敢沉着地面对困难和危险,依靠现有的救生设备,灵活运用所掌握的各种救生知识和技能,以增加获救机会。

一、溺水

求生者落入水中,如果没有正确穿戴个人救生设备,首先遇到的威胁就是溺水。若不能及时获救,就会有溺毙的危险。

二、暴露

弃船后,求生者丧生的其中一个主要原因是求生者的身体暴露在寒冷环境之中,特别是暴露在温度极低的水中。

由于水中的散热速度比陆地上的散热速度要快得多,因此,当人体浸泡在水中，尤其是浸泡在低温水中时，会使体热迅速地散失，致使人体在短时间内体温下降，失去意识或昏迷，甚至死亡。另外，寒冷也会降低人的行动效率，使人的思维变得迟缓，并且严重影响人的求生意志。即使遇险者暴露在寒冷的空气中，也会使人体热量很快地散失，容易造成身体组织冻伤，严重时会因体温下降得过快过低而危及生命。

人体暴露在酷热天气下，会造成日光性的灼伤，体内水分的过快丧失也会引发中暑或衰竭。

统计数据表明，海难中落水者主要死亡原因是暴露在寒冷的水中所致。例如，在 1912 年 4 月 14 日发生的"泰坦尼克"号海难事故中，除了 711 人登上救生艇幸存外，其余的 1513 人全部落入冰冷的海水中致死，其主要原因就是暴露在寒冷的冰水中。

三、晕浪

弃海上设施后，求生者在救生艇、救生筏内晕浪也是经常遇到的难题，即使是航海经验丰富的海员也可能会有晕浪的不良症状。救生艇、救生筏在海上漂泊经常会遭遇各种海浪袭击，由于救生艇、救生筏体积较小，导致其在海面上剧烈地摇摆颠簸，必然会使艇/筏上人员出现头晕、呕吐、面色苍白、疲劳、出冷汗、唾液分泌增多等晕浪症状。晕浪引起的过度呕吐不但会使人体大量失水，更重要的是晕浪还会使人精神萎靡，很容易动摇求生者的求生意志，甚至使求生者失去海上生存的信心。

四、缺乏饮水和食物

由于救生艇/筏上配备的淡水和食物是有限的，如果求生者长期待在艇/筏上得不到及时援救，就会面临饮水和食物缺乏的危险。经验表明，人在有粮缺水时，只能够维持数天的生命；而在有水缺粮情况下，可生存数周。因此，水比食物更为重要！缺水成为弃海上设施后求生者丧生的又一个重要原因。

救生艇食物及淡水配备：总数为救生艇额定成员每人热量不少于 10000 kJ 的口粮，淡水总量为救生艇额定成员每个人 3 L。

救生筏食物及淡水配备：总数为救生筏额定成员每人热量不少于 10000 kJ 的口粮，淡水总量为救生筏额定成员每个人 1.5 L。

五、受伤和疾病

若人员在海上求生过程中受伤或患病，由于往往无法得到及时救护治疗，部分伤病人员还会因此丧命，并且受伤和疾病更会严重地动摇求生者的求生意志。

六、悲观和恐惧

在海上求生过程中，由于求生者处在一种极其危险的环境中，他们会经历各种意想不到的困难，因此，求生者往往会产生各种悲观和恐惧甚至是绝望的情绪。这种情绪会使人的思维混乱，失去为生存而斗争的力量和信心。因此，悲观与恐惧也是使求生者丧生的一个重要原因。

七、遇难者位置不明

海上设施发生海难时，由于设备、人员、环境等原因没有及时、有效地将遇险信息发送给附近的船只、飞机和岸台，致使援救者无法明确遇难设施出事的位置；或者，遇难设施已将遇险信息向外发布，但救生艇、救生筏因受外部恶劣天气诸如狂风、急流等影响，导致救生艇、救生筏严重漂移，远离出事地点；还有，由于救生艇、救生筏上的人员没有采取合理、有效的手段表明其所在位置而延误或失去获救的机会。

第三节　海上求生要素

当听到海上设施发出弃海上设施信号时，海上设施工作人员应迅速有序地利用相应的救生设备离开遇难海上设施，在海上漂浮待救，直至救援船舶或飞机赶到，脱险获救为止。在这样一个海上求生过程中，每一位人员必须采取积极、有效的行动，并且具备一定的求生条件即海上求生要素才能获救。海上求生要素包括救生设备、求生知识和求生意志。

一、救生设备

救生设备是海上求生人员赖以生存的必要条件。如果没有救生设备，那么在茫茫大海中要得救生还，希望显然是十分渺茫的。据统计，具有救生设备的待救人，约有94％的获救机会。因此，救生设备是海上求生的第一要素。

海上设施上常见的救生设备主要包括救生艇、救生筏、救助艇、救生衣、保温救生服/防暴露服、救生圈、求生信号、救生艇/筏登乘设备及其他救生设备。

二、求生知识

求生知识包括求生者使用救生设备及其属具的正确方法、发生弃海上设施时每个人员的职责、应采取的相应措施和各种脱险办法、弃海上设施后的正确行动、求生要领、救生艇航海常识、荒岛求生常识以及被救助时的行动和注意事项等。它是海上求生过程中能否获救的基本条件。

三、求生意志

在海上求生过程中，求生者的生存环境极其恶劣，会面临各种困难。求生者除了必须具备必要的救生设备与求生知识外，如果没有顽强的求生意志和坚定的生存信念很难存活下来。国内外许多经验表明，坚定的求生意志和信念有时候比身体素质更加重要，求生者在任何时候都不能放弃脱险获救的信念，直至脱险获救成功。

上述三要素在求生过程中缺一不可，否则就难以获救。

第四节　海上设施救生设备

为了保证海上人员的安全，海上设施必须按照《国际海上人命安全公约》（简称 SOLAS 公约）、《国际救生设备规则》（简称 LSA 规则）及其他相关救生设备规范的要求配置各类救生设备。海上设施救生设备如救生艇、救生筏、救助艇，个人救生设备如救生衣、保温救生服、救生圈、求生信号、保温用具、通信设备等。海上设施一旦遭遇紧急情况需弃海上设施求生时，要求所有的海上人员都能利用这些设备进行自救和等待救援。

一、海上设施救生设备类型

救生艇、救生筏和救助艇是海上设施配备的大型救生设备，它具有载员多、属具备品齐全、施放快速、操纵简捷、机动性强、安全性高等特点。当弃海上设施后，求生者操纵其能较长时间地在海上进行自救和待救，是海上设施必备的有效脱险工具之一。

（一）救生艇

救生艇是一种具有一定浮力、强度、航速、能搭载一定人数、属具备品比较齐全的刚性小艇，是一种非常有效的脱险工具。救生艇的主要作用是当海上设施遇险时，帮助海上人员脱离难船，便于在海上进行求生活动，保障海上人员的生命安全。

1. 救生艇的种类

救生艇按照结构形式不同可分为开敞式救生艇、部分封闭式救生艇和全封闭式救生艇三种（图 10-1）。

2. 救生艇的位置

救生艇位于海上设施外围，并尽可能靠近起居处所和服务处所，附近有较宽敞的集合场地，便于海上人员登乘。救生艇的施放一般由指定人员操作。

(a) 开放式救生艇

(b) 全封闭式救生艇

(c) 部分封闭式救生艇

图 10-1　三种救生艇

（二）救生筏

救生筏是供海上求生人员逃生及求生使用的一种专门筏体。它能被迅速地施放并漂浮在水面之上，供海上人员登乘，等待救援。

1. 救生筏的种类

救生筏一般有气胀式救生筏和刚性救生筏（传统救生筏）两种不同形式。

（1）气胀式救生筏（图 10-2）

气胀式救生筏是目前使用最广泛的一种救生筏。其操作简单、使用方便、体积小，可在很短的时间内轻易地投放到水面。

气胀式救生筏根据其施放方式不同有吊放式救生筏（图 10-3）和抛投式救生筏（图 10-4）两种，其中最常见的是抛投式救生筏。吊放式救生筏即吊架降落救生筏，多用于客船。

图 10-2　气胀式救生筏

图 10-3　吊放式救生筏　　　　图 10-4　抛投式救生筏

（2）刚性救生筏

刚性救生筏也称传统救生筏，是在救生筏的四周采用镀锌铁皮、铝合金板、不锈钢板或硬塑料类材料制成若干个联体空气箱作为救生筏的主体浮力部分，然后外覆盖或不覆盖阻燃材料；筏的顶部设有固定式刚性顶篷和出入口，筏的底部为木质花格板。平时固定存放在船舷边斜面滑架上或驾驶台甲板处，施放时打开滑架固定钩，筏便由滑架自行滑落下水或是用吊筏架施放下水。

此类救生筏最大的特点是结构简易、造价低廉；但其体积大，笨重且载员少，存放占地面积大，施放、维护和登乘不及气胀式救生筏方便，故目前已极少使用。

2. 救生筏的存放

气胀式救生筏平时存放在玻璃钢制成的存放筒内，如图 10-5 所示。搁置在海上设施外围专用的筏架上，如图 10-6 所示。

图 10-5　气胀式救生筏存放筒　　　图 10-6　救生筏存放筒在船上的存放位置

3. 救生筏的施放

气胀式救生筏使用时可将筏及存放筒一起直接抛入水中，救生筏充胀成型，供遇险人员乘坐。如果海上设施下沉太快，来不及将其抛入水中，当海上设施沉到水下一定深度时，筏架上的静水压力释放器会自动脱钩，释放出救生筏，救生筏会浮出水面并自动充胀成型。

其施放步骤如下：

（1）将静水压力释放器上链钩开口稍拉脱，推出小环，使链钩下坠，或者旋转手动脱钩装置向上，筏即从筏架滑向海面，如图 10-7 所示。

（2）或者用人工将筏抬起，抛投入水。

（3）如筏存放甲板距水面高度小于 11 m 时，或者筏抛入水中仍未胀开时，须继续拉出首缆，打开充气钢瓶的阀门，使筏充胀成型浮于海面。

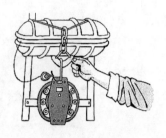

图 10-7 气胀式救生筏
的施放操作

筏入水后如呈翻覆状态，则应扶正，扶正人员穿救生衣，爬上筏底，站在钢瓶一边，双手拉筏底扶正带，下蹲往后仰。注意须迎风扶正，如图 10-8 所示。

图 10-8 扶正救生筏

二、个人救生设备

个人救生设备是指供个人使用的救生设备。个人救生设备包括救生衣、保温救生服、防暴露服、救生圈和保温用具。海上人员必须熟练掌握个人救生设备的使用方法。

（一）救生衣

救生衣是海上每人必备的个人救生设备。它穿着方便，能使包括处于昏迷状态人员在内的穿着者在水中自动浮于安全状态，并保持穿着者脸部高出水面一定高度而不致溺水，以减少落水人员的体力消耗，并可减少体热的散失。救生衣主要用于人员在弃海上设施或救生演习、水上作业、舷外作业时穿着。

1. 救生衣的种类

救生衣的分类方法有很多，而且每一个类别又包含许多种式样。一般按其使用范围可分为航空救生衣、航海救生衣、水上运动救生衣和水上工作救生衣等；按其结构形式可分为背心式、套头式、连身式和腋下式等救生衣；按浮力材料可分为固有浮力式救生衣、气胀式救生衣和混合式救生衣三种。船用救生衣主要有固有浮力式救生衣和气胀式救生衣两种，其中，气胀式救生衣只供船员使用，且在客船和油船上禁止使用气胀式救生衣。为避免使用混乱，船上配备的救生衣一般不超过两种。固有浮力式救生衣在船舶上应用非常广泛。

2. 救生衣的配备

（1）海上人员每人配备一件符合相关要求的救生衣，存放于个人房间。

（2）驾驶室和机舱各值班人员每人增设一件。

（3）倒班船在应急集合地点附加配备救生艇满载人员数量相等的救生衣。

3. 救生衣的属具

每件救生衣应备有一只用细绳系牢的哨笛（图 10-9）和一盏救生衣灯（图 10-10）。

图 10-9　哨笛

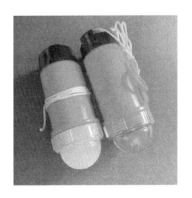
图 10-10　救生衣灯

4. 救生衣的存放

（1）救生衣应存放在容易取用之处，其存放位置应有明显标志，如图 10-11 和图 10-12 所示。

图 10-11　成人救生衣

图 10-12　儿童救生衣

（2）海上使用的救生衣通常存放在旅客和海上人员住舱内的床头柜或衣柜里，以方便人员使用。

（3）凡由于海上设施的特殊布置而使按要求配备的救生衣可能无法拿到时，可制订使主管机关满意的变通措施，其中可包括增加救生衣的配备数量。

（4）除自由降落式救生艇外，用于全封闭救生艇上的救生衣应不妨碍人员进入救生艇或在舱内就座，以及系好安全带。自由降落式救生艇选用的救生衣及其存放和穿着方式应不妨碍人员进入救生艇、艇内安全或该艇的操作。

5. 普通救生衣的穿着方法

（1）检查浮力袋、领口带、腰带、哨笛、救生衣灯，它们不能有损坏和缺失；

（2）将救生衣套进头颈，把腰带分别穿过救生衣两侧的绳圈或塑料环，腰带在身后交叉绕到身前，在胸前再穿过绳圈，将腰带卡在前浮力袋凹槽部位用力收紧，打平结系牢；

（3）将领口带打平结系牢。

在没有帮助的情况下，需在 1 min 内穿妥救生衣。随后测试哨笛，若是晚间落水，还可使用所配备的救生衣灯。

（二）保温救生服和防暴露服

保温救生服（图 10-13）又称浸水服，是供落水者在低温水中穿着以防止体热散失的保护服。防暴露服（图 10-14）是供救助艇艇员和海上撤离系统人员使用的保护服。二者均具有水密、浮力和自然保温等功能要求，并配有哨笛和救生衣灯。

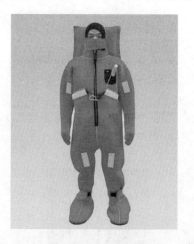 

图 10-13　保温救生服　　　　　图 10-14　防暴露服

保温救生服外表颜色为橙色，一般制成上衣和裤子连在一起的"连身式"服装。救生服胸前配有水密拉链，方便穿着者迅速使用。为了使穿着者能执行一定的工作任务，还配备了连衣手套和带有防滑装置的连裤靴鞋；为了防止空气在救生服内流动散失热量，在救生服裤腿两侧还加装了限流拉链；为了便于直升机救助，有的救生服前面还设有一个带有弹簧开关的起吊环。

保温救生服在海上人员舱室内的存放位置标识如图 10-15 所示。

保温救生服和防暴露服的穿着方式基本上一致，穿着方法如下：

图 10-15　保温救生服
位置标识

1. 穿保温救生服之前首先应穿着适当的保暖衣服，不必脱下鞋子；

2. 根据自己的身高选择合适的服装，并检查衣服是否完好、拉链是否损坏，否则不应使用；

3. 打开胸部水密拉链，松开腰带，放松腿部限流拉链或收紧扣；

4. 先穿下半身，而后收紧腿部的限流拉链或收紧扣；

5. 再穿上半身，戴上帽子，使面部密封圈和脸部接触完整，拉紧袖口宽紧带；

6. 拉上水密拉链至脸部，扣好腰间锁紧扣或起吊环；

7. 再拉上挡浪片，使面部密封圈绷紧，穿着完毕；

8. 如果需要，救生服外面加穿一件救生衣。

在没有帮助的情况下应于 2 min 内正确地穿妥保温救生服或防暴露服。穿妥后，测试哨笛和配备的救生衣灯。脱险或获救后，或营救工作完毕，按上述相反顺序卸装，擦干（或晾干）后叠起。

（三）救生圈

救生圈是为了救助落水人员，供落水人员攀扶待救的救生设备。海上设施使用的救生圈是采用轻质的固有浮力材料制成的圆环状救生设备，常见的是采用闭孔的泡沫塑料制成的救生圈。海上禁止使用灯芯草、软木刨片或软木粒作为浮力材料，也不允许使用充气形式的救生圈。海上设施使用的救生圈外形如图 10-16 所示。救生圈的外表有反光带和 4 根等间距的扶手索。根据需要，有的救生圈还有可浮救生索、自亮灯及自发烟雾信号等装置。

图 10-16　救生圈

（四）求生信号的存放和使用

1. 求生信号的存放

应按照相关规定将各类求生信号存放于救生艇（筏）和海上设施的重要位置上。

2. 火箭降落伞火焰信号的使用

火箭降落伞火焰信号外观呈圆柱形，上端（发射口）和下端（触发装置）均有水密橡胶盖和防潮膜保护，其触发装置一般有拉发式和压发式两种。使用时应注意使用说明，拉出底部金属触发杆或金属拉环，然后根据不同的触发方式进一步完成施放操作，如图 10-17 所示。

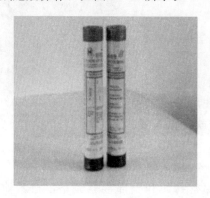

图 10-17　火箭降落伞火焰信号的使用

（1）压发式火箭降落伞火焰信号的使用

①撕掉塑料袋，拆下顶盖及底盖，并注意保持外壳上的箭头方向朝上；

②放下底部触发器的铰链式压杆，一手握住火箭筒，垂直高举过头，另一手手掌托在压杆上；

③把压杆上推，双手迅速紧握火箭，有风时可略偏向上风，火箭很快会发射出去。

（2）拉发式火箭降落伞火焰信号的使用

①撕掉塑料袋，拆下顶盖及底盖，并注意保持外壳上的箭头方向朝上；

②将降落伞火箭信号下端的拉环取出挂在脚下，拔除安全销；

③两只手用力抓住信号筒向上方拉动；

④发射口略偏向上风向，人体面部偏开筒体，约 1 s 后即发射升空并在 300 m 以上的空中强烈爆炸，爆炸后有红光降落伞缓缓降落。

发射火箭信号时应特别注意：火箭降落伞火焰信号主要在夜间使用，便于搜救船舶对求生者的发现和对难船或艇筏位置的确认。信号发射过程中绝对不能将筒体对向他人或自己身体的任何部位。有些火箭信号在发射时往往会有一段时间的延迟，应尽量用双手握住火箭筒体。但如果击发 10 s 后火箭还没有发射出去，则应尽快将火箭信号抛入水中，以防发生危险。另外，在有风天气下发射，应在发射时将发射筒口略偏向上风方向。

3. 手持火焰信号的使用

手持火焰信号（图 10-18）外观呈圆柱形，类似于火箭降落伞火焰信号，其上端和下端均有水密橡胶盖和防潮膜保护。根据触发装置不同，常见的手持火焰

图 10-18　手持火焰信号

信号主要有擦发式、拉发式和击发式三种点燃方式。使用时应按其说明书及图解进行。

（1）擦发式手持火焰信号的使用

①撕去外表面的防水袋，取出手持火焰信号；

②先将底部的胶带撕掉，再把顶部的胶带及盖子去掉；

③一只手握紧火焰信号，另一只手用底盖里的擦头去擦火焰信号上部，即可引燃火焰信号。

（2）拉发式和击发式手持火焰信号的使用

拉发式和击发式手持火焰信号都有一个机械装置，操作比较方便。通常，打开拉发式手持火焰信号的顶盖或底盖会露出一个拉环，只要向外猛拉拉环，就可以点燃火焰信号。

击发式手持火焰信号使用时，需转动把手下部一定角度，然后用力向上一推，火焰信号即可点燃。

部分国产的手持火焰信号一般由外壳和内芯两部分组成。使用时应先将内芯取出，在其翻转后装入外壳并旋紧，然后引燃火焰信号。外壳作为把手使用，以防止使用者烧伤手部。

使用手持火焰信号时应特别注意：手持火焰信号主要在夜间使用，其燃烧时便于通往飞机或近距离驶过的船舶发现海上求生人员。使用时将信号点燃后要将其伸向艇筏的舷外，有风天气使用则应把信号点燃后伸向艇筏的下风舷外，眼睛要避开火焰强烈的光芒。施放时还应注意，持握部位应在信号筒中部以下的空心壳体或支持筒体的塑料夹板上，以免被火焰烫伤。

4. 漂浮烟雾信号的使用

每个漂浮烟雾信号上都注有使用说明及简明图解，如图 10-19 所示，使用时应按照规定的要求操作。其步骤如下：

（1）撕去塑料密封袋，揭去盖子，露出拉环；

（2）拉掉拉环，开始引燃发烟；

（3）将信号罐抛入下风舷水中或持在手中，让其发烟漂浮。

5. 橙色烟雾信号的使用

橙色烟雾信号的外壳为金属或塑料圆罐，通常在其顶部中央有一突出圆孔，拉环式触发装置装于顶部圆孔防潮盖（膜）内（图10-20）。

图10-19　漂浮烟雾信号　　　　10-20　橙色烟雾信号

其使用方法如下。

（1）基本操作步骤：首先，左手握住罐体，右手旋开顶部密封盖，除去防潮膜；然后，将罐体倾斜倒出或直接拎出金属触发拉环；最后，右手用力拉掉金属触发环后将其扔于水中，该信号的罐体即漂浮在水中（燃烧）并发出浓烈的橙黄色烟雾。

（2）使用注意事项：橙色烟雾信号仅限于白天使用；有风天气，应将其点燃后扔于艇筏下风舷的水中。

6. 日光信号镜的使用

使用日光信号镜（图10-21）光亮平面反射日光，射向船舶或者飞机可以引起驾驶员的注意。日光信号镜的一角有一个观测孔，围绕观测孔刻有同心圆环及十字线。信号镜瞄准环配合使用。

基本操作步骤：左手拿住信号镜，将观测孔放在眼前，镜子的光亮面对着船舶或飞机，在较远的位置右手拿着瞄准环也对准船舶或飞机，设法通过观测孔和瞄准环的孔看到目标，注意应设法使信号镜观测孔周围的十字线和同心圆的阴影正好落在瞄准环的四周，日光镜能准确反射到目标上。

图10-21　日光信号镜

第五节　弃海上设施时应采取的行动

一、听到弃海上设施命令应采取的行动

海上设施遇到严重危险时，第一负责人应动员全体人员利用海上设施的各种设备尽最大努力进行抢救，减少财产损失和人员伤亡。应首先抢救人命，然后救助设施和货物。如果经海上人员竭尽全力抢救仍然无法挽救海上设施，海上人员生命面临巨大威胁时，第一负责人可以宣布弃海上设施。

弃海上设施是指海上设施处于严重的危险状态时，所有人员主动撤离海上设施的行为。弃海上设施命令应由第一负责人下达。如果当时条件许可，第一负责人在作出弃海上设施决定前应征询海上主要人员的意见，并征得海上设施所属公司的同意。

当弃海上设施命令或信号发出后，全体人员切勿惊慌混乱，都应严守纪律，服从指挥，保持良好的秩序，按照救生演习的部署，各守岗位，执行弃海上设施工作。所有人员穿妥个人救生设备并携带相应物品，在规定时间内赶到指定的集合地点集合，听从海上设施工作人员安排并注意以下事项。

（一）加穿适当的衣服

海上设施遇险无论是发生在热带水域还是在低温水中，求生者在离开遇难设施前都不得脱掉衣服和靴鞋，应尽量多穿一些衣服，以防身体表面烧伤或者失热过快。尤其是在寒冷水域遇险，就更应注意多穿几层保暖性能好的衣服；里层最好选用羊毛织物，而外层则以厚实、防水的紧身衣物为最佳。另外，在寒冷的气候中更要穿戴手套、毛袜、毛线帽等，以防止体热迅速散失。

如果在弃海上设施时必须进入水中，最初遇到的"冷冲击"可使人员失去活动能力，甚至丧命。多穿着的衣服可以明显减小"冷冲击"的不利影响，而外层的防水衣服则可以完全防止其影响。而且多穿着的衣服还可以减少身体表面的热量消耗，延长人员在水中的待救时间。没有救生衣或救生衣损坏时，上衣和裤子可能是求生者唯一可以使用的漂浮工具。即使登上救生艇筏等待救援，多穿些衣服也有助于获救。

（二）穿妥救生衣

人员穿好衣服后，应迅速穿妥救生衣或保温救生服。如果海上设施配备气胀式救生衣，离开海上设施之前不得给救生衣充气（充足气的救生衣会妨碍离开海上设施，而且一旦划破气胀式救生衣，就会无法充气）。然后尽快到指定的救生艇筏处集合。

（三）收集保护物

若时间允许，应尽量收集如毛毯、衣服等保护物。

（四）多吃、多收集食物和淡水

虽然救生艇筏内已备有食物和淡水，但配备数量有限，因此在弃海上设施登艇筏前应尽量多吃食物和多饮淡水，保持腹中饱暖，并多收集食物和淡水携带上艇筏。在海上求生，淡水最为重要，因此宜多收集为好。做好在海上长时间等待救援的准备。

二、离开遇难海上设施的方法

弃海上设施命令下达后，海上人员应迅速做好各项准备工作，迅速到达指定的集合站，准备离开遇难海上设施。如有可能，应尽量避免与海水接触，保持"干身"离开遇难海上设施。每位海上人员必须熟悉离开遇难海上设施的方法。弃海上设施时，海上人员可以有多种方法离开遇难海上设施。

（一）穿着救生衣从海上设施直接登上救生艇

如果情况允许，海上人员应直接登上救生艇，以避免跳入水后受寒冷刺激的影响和发生其他意想不到的伤害。

由指定的人员操纵吊艇机将救生艇降至登艇甲板，用稳索将艇拉靠舷边，所有人员有秩序地登上救生艇，避免争先恐后发生混乱和事故。乘艇完毕，应立即关闭所有水密舱口和其他进出口，全体人员在指定位置坐好，系好安全带，然后将救生艇降落至水面，脱开首尾吊艇钩，救生艇驶离大船。

（二）穿着救生衣从海上设施登上救生筏

除可吊式充气救生筏如救生艇那样在救生甲板进行登筏外，一般有3种方法可保持身体干燥直接登筏。操作时，应先将气胀式救生筏从存放架处投入水中，拉动充气拉索，救生筏在水面上会自动充气成型。

登筏方法如下：

1. 用漂浮在水面的救生筏的首缆将筏拉至舷梯旁，或拉到救生甲板舷边。海上人员穿救生衣从舷梯或救生甲板的绳梯登上救生筏。

2. 海上人员身穿救生衣从舷边直接跳入筏的进出口，但舷高不能超过4.5 m，并应注意不要撞到救生筏内的人员，如图10-22所示。

3. 海上人员利用海上撤离系统（图10-23）先撤离到登筏平台上，再依次登上气胀式救生筏。

图10-22　从海上设施
登上救生筏示意图

图 10-23　海上撤离系统

三、从海上设施跳水求生的方法

由于某种原因，海上人员未能及时登上救生
艇筏，被迫跳水求生。为了减少入水可能受到的伤害，应正确地自海上设施跳入
水中，尽量避免从高处跳入水中，并要注意保护，以免受伤。

（一）跳水时的注意事项

1. 跳水位置最好应选择在距离水面高度不超过 5 m 的地方。

2. 跳水位置最好在海上设施的上风舷的外沿，并应尽量远离海上设施的破
损口。海上设施倾斜时应选择在低舷一侧。

3. 跳水前，应查看水面情况，避开水面障碍物或其他落水者。

4. 不要直接从高处跳入救生艇内或筏顶及入口处，避免自身、艇筏人员及
艇筏受到伤害和损坏。

5. 如顺着救生绳索下水，要利用双臂交替地紧握绳索
向下移动，不可手抓绳索滑下，以免失控和擦破手上的
皮肉。

（二）掌握正确的跳水姿势

1. 穿妥、系紧救生衣。

2. 深吸气后右手将鼻、口捂紧。

3. 左手紧握右上臂的救生衣后，双臂在胸前抱紧。

4. 双脚并拢，身体保持垂直，两眼向前平视。

5. 入水时保持脚在下、头在上，两脚伸直夹紧，双手
不能松开，直至重新浮出水面后才可放松和换气。跳水姿
势如图 10-24 所示。

图 10-24　跳水姿势

（三）入水后的注意事项

跳入水中后应尽快离开难船，游向周围的救生艇筏，并尽量减少在水中浸泡
时间。不要回头观望遇难海上设施，以防因此降低游泳的速度。

1. 必须明确，当前的首要任务是尽快离开遇难海上设施。

2. 不要做无谓的游泳和剧烈的活动。

（四）海面有油、火时的跳水求生

在弃海上设施过程中，下沉的海上设施泄漏的燃油可能漂浮至海面，甚至已经起火。因此，必须尽快摆脱浮油或油火游离遇难海上设施。应逆流或者往海上设施上风方向游进，风和水流将浮油带走，将有助于落水人员离开浮油区。

1. 游出火势强劲的油火海面

如求生中需要穿越火势强劲的海面，最重要的一点就是保持镇静。在油火海面游泳时，应采取如下措施：

（1）应穿棉毛衣服，不可穿化纤织物。

（2）不可穿着救生衣和笨重的衣服、鞋跳水求生。情况允许时将救生衣、笨重的衣服、鞋包扎妥当后用一小绳系在腰上，拖在身后。

（3）跳水前，查明风向、水面有无障碍物或落水人员，选择上风舷、火势较弱、油层较薄并且容易通过的海面跳水。

（4）先深吸一口气，一手捂鼻口，另一只手遮蒙眼睛及面部，两脚伸直并拢，垂直向下跳入水中。

（5）入水后要向上风方向潜泳，需换气时，应先将手探出水面旋转拨开油火，头出水后立即转身面向下风做深呼吸后，再下潜向上风方向游去，如此反复直至游离着火水面。待出了油火区后再将身后拖带的救生衣等拉回使用。

2. 在水中穿着救生衣

待救生衣脱离油火海面后应迅速在水中穿好救生衣，具体方式如下：

（1）首先将救生衣套在头上，系好领口带。

（2）解开腰带，并将其两端分别穿过救生衣两侧的固定绑环（扣）。

（3）上体尽量后仰，双手下拉，并向后用力拉紧腰带，使救生衣尽量紧贴着身体。

（4）双手将腰带经体后交叉至体前，穿过固定绑环（扣）后系好腰带。

（5）如救生衣还没有收紧，可以解开腰带，采取一边下压救生衣、一边收紧腰带的方式穿妥救生衣。

3. 游出火势较弱的油火海面

如求生者需要穿越火势较弱的油火海面，最重要的一点也是保持镇静。在水中游泳穿过汽油或较弱的油火海面时，应始终穿着救生衣，始终保持头部高出水面。正确步骤如下：

（1）跳入水中后，采用蛙泳向前游进，边观察边前进，并应尽量选择油薄、火弱的地方通行。

（2）当发现前方有油火时，可用双手手掌向前上方以及两侧泼打水花，驱赶油火，快速游离火区。

（3）当遇到油火区范围较大时，可采用边泼打水花边前进的方式，直到脱离危险位置为止。

4. 游离油污海面

（1）如遇难海上设施周围水域布满油污，但未燃烧，则要保持人员一直漂浮在水面上，同时还应尽量抬高头部，以免油污接触到眼睛、鼻腔及口腔。

（2）换气时必须极为小心，勿使油水进入呼吸道或者吸入肺腔。因为油滴会堵塞肺泡而引起肺炎，严重损害其呼吸功能。必要时可多穿、带救生设备（器材）或者将其他救生设备（器材）绑在腰上，以提升浮力抬高肢体。

四、离开遇难海上设施后的行动

（一）救生艇筏离开难船后为增加获救机会的初始行动

1. 当乘员登乘完毕后，应立即切断系艇缆索或救生筏的首缆。

2. 利用救生艇艇机或桨迅速离开难船，为了加快救生筏离开遇难海上设施的速度，筏内人员可以将筏底四周的平衡水袋提起，以减少漂流时所遇的阻力。

3. 艇筏驶离遇难海上设施的距离应视具体情况而定，一般离开遇难海上设施约 1.3 海里（约 2.4 km）处停留。这主要是为了避免难船可能发生的火灾、爆炸、甲板设备散落，下沉时引起的漩涡等给艇筏带来的危险。

4. 施放海锚，保持适当的通风，使艇筏顶浪，以减轻摇晃，并减缓艇筏漂移的速度，使艇筏能够尽量停留在遇难地点附近 2～3 天，增加被发现的机会，并适时、正确使用艇筏上配备的易于被人发现的设备、信号。当救援希望确已不存在时，才可考虑驶往最近的陆地或飞机和商船必经的航线。

5. 保持艇筏处于完整良好的状态，一旦发现艇筏有破损，要及时修补、堵漏并及时排除艇筏内的积水。寒冷季节时，救生筏上的人员还应使用手皮风箱给双层的筏底间充气，以减少筏内热量散失。

6. 在救生艇筏激烈颠簸时，全体乘员立即服用晕船药防止呕吐，避免体内水分的大量流失，同时也能在一定程度上抑制饮水的欲望。

7. 救生艇筏离开遇难海上设施后，应主动搜救失事地点附近海面上的落水人员；积极捞取难船下沉后浮散在海面上的有用求生物资，例如未来得及放下但在难船沉没后会自动浮出海面的救生艇筏以及其他浮具等。

8. 集结：弃海上设施后的救生艇筏应尽可能与附近的其他艇筏用缆绳联结在一起，使艇筏之间相距 20～30 m，这样可增大待救的目标位置，便于前来救援的船艇、飞机及时发现。集结的好处还在于能发挥集体的力量，互相照应，共同克服海上求生过程中的各种困难。

9. 根据个人特长分工：指定专人管理饮水和食物；指定专人管理医药器材

并照顾伤员；指定专人负责救生艇筏的维护修理。

10. 组织全体人员 24 h 轮流值班，每小时 2 人，1 人负责瞭望，1 人负责内勤，人员不够时，值班人员减为 1 人，且同时负责瞭望和内勤。

（二）穿着救生衣在水中的行动

求生者自遇难海上设施跳入水中后应迅速游离遇难海上设施，尽快登上附近的救生艇筏。要注意，落水人员即使穿着救生衣，但为了节约体能，也不应做连续、长时间、长距离的游泳。

1. 游泳

落水者在水中游泳，可以采取仰泳、蛙泳、侧泳等泳姿。在游泳过程中应掌握正确的呼吸方法，避免换气时呛水，采取鼻呼口吸的方式，并且为了能够延长游泳的时间，还应注意控制好呼吸节奏。

2. 在水中登上救生艇

落水人员要在水中登上救生艇，其要领是：先抓住救生艇旁下垂的扶手绳，用一只手攀住艇缘，一只脚先登在艇侧水下的舭龙骨上，然后将另一只手也攀住艇缘，用另一只脚蹬扶手绳，四肢同时用力，弯曲双臂，将上身向艇内倾斜，这样就能登上救生艇了。如果艇内有人协助时，在不影响救生艇安全的条件下，可向落水者一侧压低干舷，艇上人抓住落水者的臂或衣服，协助落水者攀登上艇。如果艇内配有登艇绳梯，艇内人员可将绳梯放出，协助落水者从绳梯上登艇。

3. 在水中登上救生筏

（1）利用登筏绳梯登上救生筏

气胀式救生筏在首尾进出口一侧设有由绳带制成的登筏梯，进出口处的上浮胎上还设有攀拉索带。水中人员游到筏的入口处下方，先用一只手抓住登筏梯，另一只手抓住上浮胎上的攀拉索带；双脚登上登乘梯的最上面一格，两只手同时抓住攀拉索带或者上浮胎内沿；两脚用力向下蹬，两臂弯曲用力向后推动攀拉索或者上浮胎内沿，头部向前倾，使上身倒向筏内，身体其他部分则会顺势进入筏中。

（2）利用登筏平台登上救生筏

救生筏其中的一个进出口设置了登筏平台，通常是气胀式结构，位于救生筏下浮胎附近，可以供求生人员登筏时使用。使用时，水中人员应首先游到登筏平台旁边，双手抓住并下拉救生筏上浮胎上面的攀拉索，同时用力向下蹬腿，顺势将一条腿膝盖压住登筏平台；再弯曲另一条腿，用膝盖压住登筏平台；抬起一只腿，跨入救生筏内。

（3）如果救生筏内有人协助时，可由他人协助登入救生筏。

（三）未穿救生衣在水中的行动

弃海上设施时，落水者由于种种原因未穿救生衣。此时，环境虽然极端险恶，但若能采取正确的自救行动，保持强烈的求生意志，就可争取时间，延长生命，直至获救脱险。具体应注意以下几点。

1. 泳姿

未穿救生衣的落水者采取仰浮姿势是最适宜的漂浮姿态。仰浮的优点是：动作慢，运动量小，体力消耗少，能较持久地坚持在海面上待救；能使眼、口鼻都始终保持在水面上，不仅呼吸方便，而且视界开阔。

2. 采取防止溺水方法

如果海面波涛汹涌，无法仰浮待救，则可以转动身体使脸朝下浮在水中。这种防止溺水的方法也称作水中求生方法，它是基于当肺内注入气体时人体所产生的自然浮力。其目的在于保持人员在水面长时间生存，甚至包括那些穿着全套服装但不会游泳的水中人员。防止溺水方法可以节省水中漂浮人员的体力，而长时间采用防止溺水方法比通过游泳保持漂浮的方法更容易一些。每位人员必须了解防止溺水方法，因为它是一种没有救生设备漂浮在水面的很好方式，这种方法可以描述为如下 5 步：

（1）放松体位

求生者深吸一口气，然后沉入水面以下。保持面部朝下，脑勺位于水面。在这个位置，求生者沉入水中就不会很深。

（2）准备呼气

准备下一次呼吸时，应保持身体和头部位置与水面平齐，慢慢抬起双臂至与肩同高，双腿慢慢分开做类似剪刀形蹬水。

（3）呼气

抬头使嘴刚好露出水面，经鼻子、嘴或者二者一起呼气。如需确定方向，求生者必须睁开眼睛。

（4）吸气

当头与水面垂直时，向下摆动手臂，双腿并拢。空气随之进入口中。注意手臂和腿的动作必须缓慢。

（5）恢复至放松体位

放松双臂，同时双腿返回悬垂状态，面部重新回到水中，恢复到"放松体位"。重复上述步骤，可以保持求生者在水面附近漂浮待救。

五、正确操纵救生艇筏及使用海锚

海上求生者弃船登上救生艇筏后，应正确操纵和使用救生艇筏及其属具，以增加获救机会。

（一）救生艇靠、离操纵

1. 一般采用顶流，以 30°～40°的角度靠拢。如风、流不一致，且风对艇的影响比流大时，可以顶风靠。

2. 要估计和控制好前冲的距离，及时停车或停划。

3. 要注意风、流的轧拢作用和用外舷舵时艇身内漂的特点，以防碰撞大船和码头。当艇停住时，艇首与码头应有1 m左右的距离为好，然后内舷艇首桨手用艇篙，外舷艇首桨手带艇首缆，再将艇慢慢拉靠。

4. 操纵机动艇时应少用倒车，用时还要注意螺旋桨的倒车效应，猛打倒车还要注意舵叶会猛然转向一侧而使舵柄打伤舵手。

（二）大风浪中操纵救生艇

1. 操纵救生艇时应尽量避免在横浪中行驶，应使艇首与浪成 $20°\sim30°$ 的角度航行，以防艇身被风浪打横而发生倾覆危险。

2. 操纵救生艇或者救助艇时不能使艇首顶着风浪行驶，以免艇首被大浪压下。最好采取艇首侧或艇尾侧受浪行驶。

3. 救生艇在大风浪中行驶，必须保持一定的艇速，以增加舵效，控制艇首。如风浪太大而无法行驶时，应迅速抛出海锚，洒镇浪油，使艇身顶着风浪。

4. 在大风浪中轻易不要掉头，因为这样很容易造成艇身在波浪中打横，如必须在大风浪中掉头时则要特别注意，要善于观察波浪的规律，当出现较弱的波浪和艇处于波谷时，迅速进行掉头操纵。

（三）掌握抛放海锚的方法

1. 海锚的功用

救生艇海锚如图10-25所示，救生筏海锚如图10-26所示，其功用如下：

（1）在大风浪中可保持艇首顶风顶浪，减少上浪，以防艇筏倾覆；

（2）在救生艇抢滩登陆时，可控制艇首的方向，以保持艇不被风浪打横；

（3）可减缓救生艇筏的漂流速度，保持弃船后救生艇筏能在遇难海域附近停留24 h以上，等待救援。

 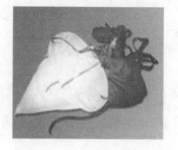

图10-25　救生艇海锚　　　　　图10-26　救生筏海锚

2. 海锚的施放步骤

海锚的施放如图10-27所示，具体的施放步骤如下：

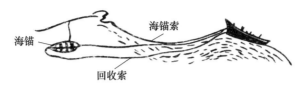

图 10-27　海锚的施放

（1）施舵，使艇首顶风顶浪；

（2）将海锚放在水中，把海锚索的末端系固在横座板上，再把海锚索从艇首的导缆钳逐渐松出；

（3）海锚吃力后，海锚索张紧，而回收索应保持松弛；

（4）当救生艇受到风暴袭击产生剧烈摇摆时，即应在救生艇周围洒镇浪油，抑制碎花浪，以免救生艇遭受倾覆危险；

（5）收回海锚时只需拉近海锚回收索，使海锚倒置，顶端向艇，即可省力地拉回船上。

第十一章

直升机营救及遇险水下求生

第一节　直升机概述

一、教学目的

为了让海上设施工作人员熟知乘坐直升机过程中的基本要求、一般步骤以及直升机遇险水下逃生技巧，并充分认识直升机飞行中所面临的危险，增强遇险后进行正确逃生的信心。飞行中意外事件发生后，乘员的生命将取决于他们所掌握的安全知识及采取有效行动的能力，即乘员是否能保持镇定，控制好情绪，并在行动中遵循正确的逃生程序。

二、直升机在海洋石油作业中的作用

随着海洋石油开发、生产的高速发展，从事海上石油作业的人员越来越多，加上海上石油作业设施离陆地较远，直升机也就成了海洋石油作业最常用的交通工具。直升机在海洋石油作业中有以下作用：

1. 由于直升机能在任何场地上起降，反应迅速，故可利用它进行抢险救灾，抢救伤病员或撤离作业人员避台风。

2. 用直升机进行平台倒班会比使用拖轮倒班更加经济，因为平台倒班人数一般不多，如果使用拖轮可能需要更多的费用。

3. 直升机是一种非常成熟的交通工具，具有很高的安全性，甚至比一般的交通工具还要安全。

三、直升机简介

直升机是以航空发动机驱动旋翼旋转作为升力和推进力来源，能在大气中垂直起落及悬停，并能进行前飞、后飞、定点回转等可控飞行的重于空气的航空器。

直升机主要由机体和升力（含旋翼和尾桨）、动力、传动三大系统以及机载飞行

设备等组成（图 11-1）。旋翼一般由涡轮轴发动机或活塞式发动机通过由传动轴及减速器等组成的机械传动系统来驱动，也可由桨尖喷气产生的反作用力来驱动。旋翼转动能在空气中产生向上的升力，只要升力大于直升机重量就可垂直升空。驾驶员操纵旋翼上的自动倾斜器，当旋翼向左右前后倾斜时，就能相应产生向左右前后的水平分力，直升机即可向任一方向飞行。如果保持旋翼升力与直升机重量相等，就能悬停在空中。万一发动机在空中停车，直升机可利用旋翼自转下滑，强迫着陆。目前实际应用的是机械驱动式的单旋翼直升机及双旋翼直升机，其中又以单旋翼直升机数量居多。

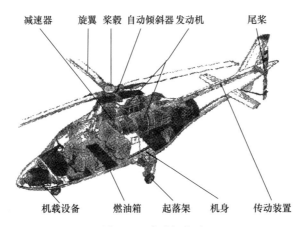

图 11-1　直升机构造

直升机的最大速度可达 300 km/h 以上，俯冲极限速度近 400 km/h，使用升限可达 6000 m（世界纪录为 12450 m），一般航程可达 600～800 km。携带机内、外副油箱转场航程可达 2000 km 以上。根据不同的需要，直升机有不同的起飞重量。当前世界上投入使用的重型直升机最大的是俄罗斯的米-26（最大起飞重量达 56 t，有效载荷 20 t）。

直升机的突出特点是可以做低空（离地面数米）、低速（从悬停开始）和机头方向不变的机动飞行，特别是可在小面积场地垂直起降。由于这些特点使其具有广阔的用途及发展前景。在民用方面应用于短途运输、医疗救护、救灾救生、紧急营救、吊装设备、地质勘探、护林灭火、空中摄影等。海上石油天然气生产设施与基地间的人员及物资运输是民用的一个重要方面。

目前为海上石油作业提供飞行服务的有多家直升机公司，这些公司使用的飞机型号也各不相同，所搭乘人员数量、机载重量也不一样，但这些直升机都必须配备包括浮筒、紧急定位发射器、救生筏、救生衣、救生包、安全带、手提式灭火器等在内的救生设备。一般直升机的座舱进出口包括 4 个舱门。总之，乘员在乘坐直升机前，必须对直升机的性能、结构以及所配置的救生设备有一个全面的了解，才能在意外事件发生后保证自身的安全。

第二节　直升机上的安全设备和器材

一、救生筏

从事海上飞行的直升机一般都配有两个救生筏，它的功能结构及使用方法与平台船舶上所配备的救生筏一样。它放置在飞机内紧靠门窗的位置（图11-2）。在逃生时，最靠近救生筏的乘客一定要将救生筏带出去。

(a) 放在座椅下的救生筏　　　　(b) 打开的救生筏

图 11-2　救生筏及其存放位置

二、救生衣

直升机上的救生衣均为充气式救生衣（图11-3）。按每人一件（包括机组人员及乘员）配置。平时不用时可折叠收藏。它有两个独立的储气室，如果其中的一个气室出了问题，余下的一个气室仍能正常工作。每一个储气室均配有一个内装二氧化碳（或氮气）的小瓶，只要拉动开关则可自动充气。每个气室还带有装着单向阀的吹气管，以备出现气瓶故障或气瓶充气不足时进行人工充气。救生衣的前后片是对称的，并贴有反射带。救生衣一般为橙黄色，还配有一个哨子。

图 11-3　充气式救生衣

上飞机前，工作人员给每位乘客发一件救生衣，离开飞机以后返还给工作人员。记住，绝对不能在机舱内给救生衣充气！因为：

1. 充气后救生衣体积增大，不利于人员从机舱内逃出；

2. 充气后救生衣产生了浮力，你可能会在机舱内浮起来，后果是你将很难再潜入水中从窗口中钻出来；

3. 穿着充满气的救生衣从机舱内钻出来，很容易将救生衣划破，使救生衣失去浮力功能。

三、保温救生服

一般在水表温度低于 10 ℃的海域飞行，直升机上必须配备有供机上所有人员使用的保温救生服（图 11-4）。这种救生服的特点是轻便好穿，穿上后，两条袖子可先挽起。在水中，它具有一定的保暖作用。

保温救生服的设计要求：

1. 可穿在外套的上面；
2. 保证水密；
3. 具有绝缘、隔热作用；
4. 限制浮力；
5. 外部浮力配具；
6. 带有属具灯和警哨。

图 11-4　保温救生服

登机前应检查：救生服是否撕裂，手套、吊钩、拉链是否完好，尺寸是否合适等。

记住：绝不能在机舱内戴上手套。

四、救生包

直升机上的救生包（图 11-5）含以下物品：饮水淡化剂、药剂、驱鲨剂、应急电台、信号枪、小刀、彩色信号弹、烟雾筒和食品等。救生包主要用于紧急情况发生后。

图 11-5　救生包

五、安全带

每个座位都配有安全带。安全带要从始至终系好（图 11-6）。收紧安全带后，要把多余的带子别好，这样你在逃生的时候就很容易把安全带打开。

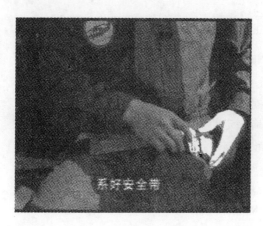

图 11-6　系好安全带

六、机舱灭火器

机舱内配有两个小型的手提式灭火器，可以用来扑灭机舱内的小型火灾。它们一个装在主驾驶员的座椅侧面（图 11-7），一个放在第一排的座椅下面。

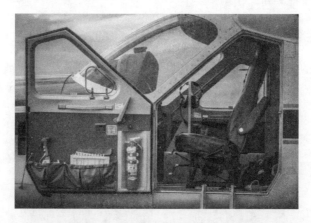

图 11-7　机舱灭火器及其存放位置

七、发动机灭火器

在飞机发动机旁边有两个大型的灭火器，由飞行员控制，可以扑灭发动机的火灾。

八、防噪声耳机

每个座位上都配有防噪声耳机（图 11-8）。戴好防噪声耳机，可以避免直升机的噪声对乘员的耳朵造成伤害。

九、应急门窗

直升机上所有的门窗都是应急门窗。登机以后，一定要看明白应急门窗的抛放方法，保证在逃生的时候会使用。抛放开关一般由一个开关和一个保险组成，在开关下面有英文和图示说明（图11-9）。

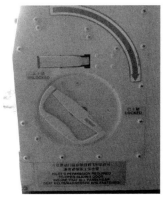

图 11-8　座位上的防噪声耳机　　　　图 11-9　应急门窗开关及说明

十、浮桶

海上作业的直升机都配置有 4 个浮桶（图11-10），分为两个主浮筒和两个前浮筒。当直升机需要迫降到水面时，通过飞行员操作，打开浮桶（图11-11），飞机就可以迫降到水面。当迫降到水面后，乘客应投放救生筏，迅速离开飞机转移到救生筏上等待救援。因为：

1. 浮桶是由橡皮制作的，它可能因破裂而泄漏使直升机翻覆；

2. 由于直升机的重心在飞机上部，直升机可能会因风浪影响而翻覆。

图 11-10　浮筒　　　　　　　　　图 11-11　打开的浮筒

第三节　飞行前注意事项

一、登机通知

登机前一天乘客会接到登机通知，要按时到达机场。登机前应注意休息，保证在乘机过程中有良好的精神状态。

二、登机登记表

登机人员需要填写一份登记表，要严格按要求填写，字迹清楚。

三、登机前安全教育

每个乘客在登机前都必须进行乘机安全学习。每一次学习都是乘客安全乘机的可靠保证。另外，飞行前飞行员或相关工作人员还会以简短的语言、生动的多媒体画面及实际操作等形式给乘客介绍机上的安全设备及应急行动步骤。这对乘客遇险逃生有着重要的实际意义。

四、登机前安全检查

主要是检查登机人员是否将违禁物品带上直升机。这些违禁物品主要按以下有关规定进行划分。

1. 根据中国民航规章的规定，严禁携带下列物品：

枪支、弹药、军械、警械、管制刀具、爆炸物品、易燃易爆物品、剧毒物品、放射物品、腐蚀物品、危险溶液。

2. 根据"国际石油工业勘探和生产论坛"《航空器管理指南》一书中的说明，禁止乘客携带的危险品或限制品如下：

黏结剂、烟雾剂、任何酒精类、任何罐装饮料类、打火机、药品（处方药除外，但在办理登机手续时交出以便安全运输、记录和到达后再发还；乘客返回陆上应经过相似的程序）、爆炸物或烟火、火器或弹药、可燃气体或液体或催泪气体或 CS 气体、磁性材料、任何种类火柴、滑油和油脂、油漆和溶剂、抑制剂或除草剂、农药和杀虫剂、放射性材料、收音机/磁带/光盘播放器（除非电池已去掉）、武器包括刀具和长于 3 英寸（7.62 cm）的刀片（作为行业工具，如厨师和司机的刀具，必须在办理登机手续处申报）、湿电池、鲜鱼。

3. 除了上述传统的违禁物品以外，由于现代科学发展越来越快，明天会有更多的新产品、新材料出现，而这些新产品、新材料在日常的工作、生活中虽然没有任何危险性，但上了飞机有没有影响呢？比如，手机就不能在飞机上使用。

因此，如果你从未带过某物品上直升机或你认为某物品不太安全，请向工作人员或飞行员申报。

五、人员及物品称重

所有登机人员及物品都必须进行严格称重。直升机绝不允许超载飞行。

第四节 登离直升机安全区域的划分和登机要领

一、安全区域的划分

直升机有两个螺旋桨，在登机的时候，一般都在转动。其中，动力螺旋桨最低部位只离地面180 cm，尾轴螺旋桨最低部位仅离地面140 cm。它们对登机人员的安全构成了极大的威胁，实际中，绝大部分的事故来自尾轴螺旋桨。因此，我们把直升机前部及尾部螺旋桨区域定为危险区域，尾部其他区域定为警告区域，直升机的两侧为安全区域（图11-12）。

二、登机要领

图11-12 安全区域的划分

1. 集体行动。
2. 注意安全区域的划分。
3. 低头弯腰上飞机。
4. 保证你所有的穿戴不会被风吹走。
5. 选择正确的登机径直路线（直升机舷路线）：
（1）陆地登机路线图；
（2）平台登机路线图。
6. 不要携带任何物品到客舱（物品由工作人员放到货舱）。

三、不准靠近直升机的情况

1. 飞机正在加油；
2. 飞行员不在场；
3. 飞机正在滑动。

第五节　正常飞行与不正常飞行

一、正常飞行工作程序

1. 始终扣上安全带及穿着救生衣；

2. 飞行期间禁止吸烟；

3. 不得随便更换座位或在机舱内走动；

4. 禁止触摸任何控制装置；

5. 自始至终不得打开舱门；

6. 注意航行路线中的天气条件；

7. 发现异常情况应立即报告飞行员；

8. 禁止使用任何电子设备；

9. 所有甲板引导人员和机组人员必须明确先下乘员再下行李和货物，先上乘员再放行李和货物的操作步骤；

10. 检查个人对下一步行动的准备情况。

二、不正常飞行工作程序

当直升机处于不正常状态下飞行时，飞行员有义务通过广播或手势通知乘客，以便乘客做出适当的反应。当直升机准备迫降时，应按以下程序进行：

1. 取下眼镜、重靴、松动的假牙和任何锋利的物品。这些物品在直升机迫降时可能让你受伤。

2. 注意应急门的位置及操作方法。

3. 做好准备迫降的保护姿势

(1) 乘坐姿势与直升机飞行方向相同时

①采用弯腰双手抱膝，尽量将身体抱成一团，减少身体面积，可避免直升机迫降时可能产生的物体打击的姿势（图 11-13）；

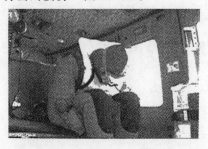

图 11-13　乘坐姿势与直升机飞行方向相同时的保护姿势

②也可采用一手抓牢反向肩膀，将头搭在手臂上，护住面部，另一只手撑住反向膝盖，身体向前倾的保护姿势（图 11-14 右）。

（2）乘坐姿势与直升机飞行方向相反时

应采用双手扣住平展，放在头后枕部，身体挺直，后背部紧贴椅背的姿势（图 11-14 左、中）。

图 11-14　迫降时的几种保护姿势

4. 在没有得到命令和水完全浸满机舱前，不要试图打开应急出口。

5. 逃生的先决条件

（1）飞行员的命令；

（2）机舱乘务员的命令；

（3）预警红绿灯发亮；

（4）蜂鸣器信号响；

（5）水完全浸满机舱。

6. 如机上没有乘务员，则可由飞行员指定一位乘客戴上耳机进行联系。应尽可能选择熟悉直升机的操作和平台上有威望的乘客担任此角色。这位被指定的乘客将担负以下责任：

（1）传播所有来自飞行员的命令；

（2）检查乘客是否都按照标志上的"系紧安全带""禁止吸烟"的要求去做了；

（3）注意飞行中的安全和秩序；

（4）直升机迫降到水面时，投放救生筏；

（5）接飞行员的指令后迅速撤出全部人员；

（6）撤出前尽可能多地收集安全和救生设备。

第六节　紧急迫降

在直升机下冲开始后，机组人员通常指示乘客采取相应行动。至于如何行动则取决于迫降地点是陆地还是水面。

一、陆地迫降

主要的危险是火灾，所以，行动步骤应是尽快安全地从平时的出口疏散机上所有人员。如有必要则打开全部其他紧急出口帮助疏散。乘客则应采取下列行动：

1. 从平时的出口离开直升机；

2. 离开机体前检查水平旋翼状态和出事地点情况；

3. 保持直升机的上风和高处位置；

4. 把其他伙伴集合在一起；

5. 处理伤员；

6. 如有必要和条件允许则拯救另外的遇险者；

7. 在直升机上找回求生工具；

8. 找好避难处所和制订等待救援的下一步计划。

所有上面的行动均由机组人员进行统一指挥。如机组人员不能履行他们的职责时，则由乘客自行行动。

二、水面迫降

1. 两栖直升机迫降

如果所乘坐的直升机具有两栖航行能力，在直升机迫降后如有可能可留在机舱里待救。

2. 一般直升机迫降

如果直升机没有两栖航行能力，那么在迫降到水面之前，先由飞行员给救生浮筒充气，并在螺旋桨完全停止后，才能在机组人员的组织下投放救生筏且迅速登筏。登筏过程中机内人员要注意保持直升机的平衡。如无必要，不要跳入水中。迫降期间，乘客应采取下列行动：

（1）收紧安全带，坐在原位置上；

（2）做好直升机倾覆前的准备；

（3）观察机组人员投放救生筏的行动；

（4）如有必要移动到救生筏上；

（5）进入救生筏后互相帮助和检查配备品。

此外，还应注意两点：

第一，做好自我保护。放出海锚，把几个救生筏连接在一起，服用晕船药丸，处理伤员，关闭顶篷门，检查救生筏是否破洞，检查应急物品，擦干净筏内底部，给筏底气室充气。

第二，显示所在位置。打开指示信标开关，检查救生筏和救生衣上的灯，测试火把，准备好日光信号镜、烟火信号和火箭。

第七节 水下逃生

在海域上空飞行时，如果直升机出现故障后迫降不成功，就会发生坠海事件，机舱内可能很快进水，由于直升机的重心在飞机顶部，当水进到一定程度时，直升机就会翻覆。但由于重心的原因，直升机只翻转180°，过程很快，大约只有10 s，此时尽快撤出是非常必要的。乘客只要保持冷静，按以下步骤行动，就很容易从翻覆的机舱内逃生。

以下是直升机水下逃生过程中应遵循的要领：

1. 注意应急出口的位置。其实这是一件乘客登上直升机后就应该立即去做的事情，同时要了解和掌握应急门窗的应急打开方法，以便在发生紧急情况时顺利从直升机内逃离。

2. 当水淹到嘴巴之前，深吸一口气，然后把头埋入水中。因为只有做好充分的准备，才能在水下坚持更长的时间。如果没有准备好，就被淹入水中，轻则造成呛水，重则会对生命构成威胁。

3. 如果坐在应急出口旁边，则一手抓住应急出口的门框边。这样做的目的是为了提前确定逃生位置，以便在直升机翻覆后能及时确定方位和迅速逃离直升机。

4. 坐着不动，直到任何猛烈的旋转停下为止。当直升机坠入水中后，由于直升机顶部螺旋桨重心的作用，直升机会在极短的时间内翻覆，但螺旋桨由于惯性的作用，仍可能继续做短时间的旋转，此时，整个直升机机体和螺旋桨均处于运动状态，乘客从机舱内撤离是相当危险的。因此，必须在所有的旋转运动完全停止后才能离开机舱。

5. 用另一只抓住安全带开关的手，以最大的角度轻轻地打开安全带。尽管乘客确定了应急出口，也坚持到飞机停止旋转，但如果没有找到安全带开关的位置或没有按照规范操作无法打开安全带开关，乘客就无法顺利逃离直升机，甚至会危及生命。

6. 把自己划动到应急出口跟前（不要试图游泳）。在所有的程序都有条不紊、安全地完成后，现在唯一要做的是从座位划水到应急出口，但不能游泳，因为直升机舱内空间有限，任何过大的游泳动作都容易使乘客受伤。

7. 打开应急出口和逃离到机舱外面。此时，应迅速打开应急出口，尽快逃离机舱。

8. 在离开机舱前，不论发生何种情况都不允许给救生衣充气。这一点乘客必须牢记，首先救生衣充气后，乘客会随着进水量的增加浮于机舱水面，有可能头部会碰上机舱顶部，同时乘客再想重新潜入水中从应急出口逃离机舱比较困难。其次是穿着充气的救生衣，身体体积增大，增加了从应急出口逃出的难度。因此，乘客只有在逃离机舱后才能给救生衣充气。

第八节　直升机救援

利用直升机进行海难救助，是目前国际上海难救助普遍使用的一种有效的救助手段，具有灵活方便、效果好的特点。

一、救援基本知识

（一）直升机可执行的救援任务

1. 向遇难船舶供应援助物资和装备；

2. 从难船上撤离遇险者或伤病员；

3. 从艇、筏上搭救遇难者；

4. 从海上救捞落水者。

（二）直升机进行救援的位置

通常在遇险者的上方悬空，然后利用伸出机舱门外的悬臂顶端的升降机将遇险者（伤病员优先）从难船、艇、筏或海水中吊升到直升机上。在向遇难平台供应援助物资和装备时，通常在难船开阔甲板吊运区上方悬空，然后利用升降机将物资和装备吊落在甲板上，遇难平台上的人员只需将挂钩迅速解脱即可。

（三）直升机进行吊升的悬空高度

一般是距甲板（艇筏）约 27 m，吊运区周围至少在 15 m 内无障碍物，因直升机的升降设备和舱口是在右方，因此，除特殊情况外，直升机的吊升作业均从船的左舷进入吊运区。

（四）直升机的活动半径

在无风的情况下，其最大半径范围为 75～100 km，如风力过强，天气不好，负载过重，则其活动半径将随之递减。被救助的船舶如在其活动半径之外，应按救援机构指定的会合地点改变航向。如在半径之内，则应直接向直升机基地航行，以便迅速与其会合，尽早施救。

（五）直升机的远程救助

当严重的海难发生在直升机活动半径以外时，也可增派空中加油飞机伴随前往失事海域进行救援。

二、各种专用吊升设备的使用方法

直升机使用升降机吊放人员时，在吊索的端部都装有专用的吊升设备，具体如下。

（一）救难吊环（图 11-15）

是最常用的一种救难设备，它的特点是能较快地吊放人员（不适用于吊放伤病员）。这种吊环的形式常用的有马颈圈形和环索形。使用马颈圈形吊环时，应将吊环由背后穿过两腋下，且双手在胸前握紧，切不可坐在吊环上。环索形的吊环可一次起吊两人。

（二）救难吊篮（图 11-16）

遇险者只要爬进篮内坐好，并握紧篮筐即可。

（三）救难担架（图 11-17）

该担架专用于救助伤病人员，它与平台上的担架不同，装有叉索和特殊吊钩，可与升降机和吊索迅速而安全地联结与松脱。

（四）救难吊网（图 11-18）

该吊网又分为网络形和锥形网笼两种。锥形网笼（图 11-19）一边开口，遇险者只需由开口处进入，坐好并握紧即可。吊网最适合吊升水中的遇险者。

（五）救难吊座（图 11-20）

其形似一个三爪锚。锚爪部设计为扁平的座位，被吊升人员只要面对跨骑在一个或两个锚爪形座板上，并用双臂紧抱座杆即可。此设备也可一次同时吊升两人。

图 11-15 救难吊环　　　图 11-16 救难吊篮　　　图 11-17 救难担架

图 11-18 救难吊网　　　图 11-19 锥形网笼　　　图 11-20 救难吊座

三、直升机对救生艇、筏和落水者救援

1. 直升机在艇、筏的上方悬空时，由于受到直升机向下气流的冲击，艇、

筏可能会倾覆。因此，艇、筏上人员应聚集在艇、筏的中央直至全部被吊升为止。

2．所有被吊升人员均应穿着救生衣，对伤病员也不能例外，除非会由此而使其病情恶化者才可免于穿着。

3．吊升伤病员时切不可穿着宽松的衣物或未经捆扎牢固的毛毯之物，以免影响吊升或产生其他不良后果。

4．一般情况下，对于吊升人员的附属物品不可单独吊升。因机具或其他物品的松弛，可能使吊索纠缠或在空中大幅度摇动，甚至被旋翼吸入而造成灾难性事故。

5．艇、筏上的人员为避免吊升设备的金属部分带有的静电与人体产生放电现象，应先让其接地（接触海水）后才能紧抓吊升设备。

6．为便于对直升机驾驶员指示救助现场的风向，艇、筏上应设法举旗并使其随风飘扬。也可用桨杆举起衣服使其随风飘扬。

7．在直升机吊升人员（图 11-21）时，机上与艇、筏之间可用下列信号联络：①勿吊升：手臂伸开平放，手指紧握，拇指向下；②吊升：手臂向上伸在水平之上，拇指向上。

图 11-21　直升机吊升人员

8．大型直升机常将其一至两名机组人员吊落于艇、筏上，以指挥和协助遇险者正确使用吊升设备。

9. 最后一名由直升机吊升离开救生筏的遇险者，在离筏前应将筏顶的示位灯关闭。以免造成直升机在上空的窥视误会而浪费时间。

四、直升机直接对遇难平台救援

直升机从事救难作业，虽然效果显著，但目前这种方式救助对被救助人员或直升机机组人员还存在一定的危险性，因此，只有在危及生命和处于死亡威胁的严重海难中，才使用这种救助方式。接受直升机救援的遇难平台除执行前面的要求之外，还应完成下列工作：

1. 当救援机构通知遇难平台派出直升机对其救援后，平台与直升机之间应建立直接的无线电通话，此时可用 2182 kHz 的频率，此波段可使飞机上自动测向仪找到遇难平台方向。与救助飞机通信使用的频率，在搜索与救难手册中有规定。

若平台与直升机之间无条件通话时，则应通过海岸电台转递交换，当直升机上装有测向仪时，遇难平台可在商定的频率上连续发送无线电信号，直升机即可利用测向仪测定难船方向并向其靠近。

2. 遇难平台与直升机之间的详细通信方法，可参阅 1996 年《国际信号规则》中通信明语部分，第一部分"遇险——紧急"中的"飞机——直升机"部分。

3. 遇难平台应向直升机（或通过海岸电台）详细告知下列资料：遇难平台的准确位置、时间、至会合地点的航向、航速，所在海区的天气、海况、风向、风速；如何从空中识别遇难平台及遇难平台所提供之识别方法，如挂旗、橙色发烟信号、反光灯、白昼信号灯、日光反射镜、施放海水染色剂等；若是接运伤病人员则应告知详细的伤病及初步处理情况。遇难平台人员通过无线电接受医生指导后，应按要求进行各项处理。如有可能，应先将伤病人员放在甲板上（但不可放在直升机的吊运区域内），伤病人员所盖毛毯要用绳带捆扎稳妥，以防直升机下冲气流将毛毯或其他覆盖物吹走。

4. 如平台上直升机降落平台没有受到事故的影响，且仍处于正常状态，则将其作为临时吊运区使用，否则必须在甲板上另外准备好一个吊运区，其要求如下：

（1）选择一块在半径 16 m 的范围内无任何妨碍物的空旷甲板，甲板上的吊杆、天线、旗杆、支索都应放倒扎紧，其他一切松动物体、器材、工具等都应清除或加固。

（2）在吊运区中央标白色 H 以向直升机显示吊运区的位置。

（3）夜间应尽量将吊运区甲板照亮，同时将桅杆、烟囱、高大的上层建筑物等用灯光照明或在顶部装设红灯显示，防止与机身或旋翼发生碰撞，所有照明灯光都不应直接照射直升机，以免妨碍驾驶员的视觉。

（4）夜间还可以将探照灯开亮，垂直向上照射，形成一光柱，以便向远方飞来的直升机显示本船的位置。当飞机临近时，再将灯关闭。

（5）有时由于受到现场具体情况的限制，不能在预先准备的吊运区进行吊升，而平台上又无法提供更合适的空间时，若海面情况允许也可将人员转乘到救生艇上，用长度、强度足够的系艇缆绳将艇吊放至海面再由直升机在救生艇上方进行外悬空吊升作业。此时要防止直升机的下冲气流对艇的作用。因此，人员应集中在艇的中央直至吊升完毕。

（6）吊升区应远离船上的易燃、易爆物或溢漏出易燃物的场所，以免因静电放电产生火花而引起火灾或爆炸。

5. 若直升机在遇难平台上降落，则在着落区附近配备便于扑灭油火的便携式灭火器。此外，消防泵也应启动，并将消防水龙头带接好。

6. 直升机放下的升降索及吊升专用设备在未接地之前，平台上人员切勿用手接触或抓握吊升设备的金属部分，以防静电放电作用。若在吊升设备上系有引导拉索时，则此绳索不带静电，可即时抓住，以免与该船上的其他物体纠缠在一起。

7. 伤病人员或遇险人员登上吊升设备的行动应尽量迅速，并注意安全。被吊升人员应按规定的要求使用吊升设备，一旦离开甲板悬空时，可能会有旋转摆动，或擦碰其他较低的障碍物，为防止发生危险，甲板上的人员可拉稳引导索，但不要站在吊升设备下方，同时注意防止引导索缠在自己身上或甲板上。

遇险者在海上接受救援时，不论采用何种形式的救援工具，其救援方式不外乎是从水中和艇筏上进行救援使遇险者脱离险境。对于被救人员来说，切记不要争先恐后，疏忽大意，再次造成严重后果，而应保持镇静，听从指挥，保持良好的纪律和秩序，与救援人员密切配合，才能使救援工作安全顺利地完成。

第十二章

海上人员转移

第一节　船舶和码头、海上设施间的交通安全

海上人员及设备转移是海上交通安全的重要组成部分，其主要类型包括船舶与码头之间、船舶与海上设施（风机）之间、船舶之间的转移。

一、码头与船舶之间的转移

（一）转移前的准备

海上人员从码头登船前 4 h 内及登船后禁止饮酒，经医生检查患有不适合海上作业疾病的人员不得从事海上施工作业，登船出海前必须经过相应的安全培训。在转运前需要确认个人物品是否携带齐全、登乘船舶是否正确、本次航行的出发地和目的地、预计出发的时间及到达时间。

（二）转移时的注意事项及操作

在进行码头与船舶间人员转移前，要进行充分的安全评估，包括：船舶是否靠泊完成，缆绳是否已经系好；船舶登离口与码头的间距是否满足安全转移要求，如果采用舷梯登离时舷梯是否已经进行固定及安装防坠网；船舶是否受到涌浪的影响产生上下颠簸，颠簸较大时禁止进行转移；船舶靠泊完成后，经过船长或甲板工作人员的允许后方可登船或离船；上下船时扶好扶手，人员应依次上下，禁止拥挤，防止人员滑倒或坠落；贵重物品及小件行李应随身携带；大件物品或行李无法依靠单人搬运时应采用吊车进行吊装；登乘小型运输船时正确穿戴救生衣；出海作业人员应在登船前和到岸后登记个人信息并签字。

（三）人员行李或物品的携带及存放

不准携带易燃、易爆、有毒、有腐蚀性、有放射性以及有可能危及船上人身和财产安全的其他危险品乘船。徒手搬运的物品应低于 25 kg。物品存放后应防止堵塞通道，并确保物品在船上不会因为船舶摇晃发生位移。

（四）登船后人员培训的要求

船长或负责人员应当组织完成乘船人员至少进行以下培训，并进行记录。

1. 针对具体船舶的安全熟悉培训，包括但不限于船舶的总体布置、船舶安全设备的操作等。所使用的标准应为《海员培训、发证和值班（STCW）规则》（简称 STCW 规则）第 A-Ⅵ/1 节 1 中的标准或等效标准。

2. 针对具体船舶的应急情况培训，包括但不限于紧急报警的说明和程序、对搭载的乘员的逃生安排和行动要求等。

（五）乘船人员在乘船期间的安全要求

为维护船上秩序，确保航行安全，人员在乘船期间应该遵守船上各种规章制度，服从船上人员管理及安排。对不遵守规章制度的人员，船长有权拒绝其登船；对已登船者，船长应向该人员所在单位进行报告，并做好记录，必要时寻求协调支持。乘船人员在乘船期间应做到以下方面：

1. 上下要通过楼梯跳板，不要翻越栏杆；上船时扶好扶手，下船时等船停稳后再下，以免碰伤。

2. 靠泊时不要靠近靠泊一方的门窗，以免发生意外；航行中尽量不要走动、调换位置，以免发生意外，更不要依靠在栏杆上；风浪大，甲板上浪时不出船舱；在船上走动时，不要奔跑，以防滑倒、摔伤。

3. 在船上要注意防火、严禁吸烟。

4. 不要乱触摸船上各种仪器、设备，以免触电或发生意外。

5. 航行时不要与驾驶员交谈。

6. 遇到紧急情况时，要听从驾驶员指挥，保持镇静自若，不要恐慌。

7. 登船人员的废弃物请放入垃圾箱，严禁向水中丢弃垃圾和废弃物。

二、船舶与海上设施之间的转移

船舶在靠泊海上平台等海上设施进行转移之前，应确保船舶驾驶室、船舶和海上设施的甲板指挥人员、吊车司机之间保持通信通畅，并进行充分的安全评估。转运期间，船舶和海上设施的甲板上应各有指挥人员和协助人员，发生紧急情况，任何人都可以发出紧急停止信号，吊车司机或其他人员应立即采取应急措施。在进行转移时应注意以下事项：

1. 禁止在恶劣天气或海况下进行人员海上转移。风速大于 15 m/s 或者影响吊篮及吊车操作时，应停止海上转移。

2. 上下无人的海上设施时，宜在海况良好的白天进行。

3. 船舶靠泊海上设施期间不应在船舶室外使用手机、充电宝等个人电子产品。

4. 吊运货物期间，转运的人员不应进入船舶和海上设施的甲板作业区域内。

5. 人员转运作业时，应停止货物吊装。

6. 船舶甲板应留出吊篮安全起落的空间。

7. 转移人员应提前穿好救生衣或救生马夹，协助人员对穿着情况进行检查。

图 12-1　吊篮

（一）使用吊篮（图 12-1）进行人员转移

1. 使用吊篮前，检查吊篮状况，吊篮牵引绳应拴好，另一端不应打结。

2. 吊篮应专用，不超出标有额定载重和额定人数，按产品说明书定期进行技术检验。

3. 船舶确认靠泊安全、船位保持稳定，且吊篮放平稳后，人员方可上下吊篮。

4. 保持吊篮垂直起吊，协助人员进行牵绳和扶吊篮。

5. 人员应将随身行李放入吊篮内，不应手持任何物品乘吊篮。

6. 乘吊篮人员应均匀分布站在吊篮网外面周围，脸朝里面，双臂交叉，双手抓紧网索。

7. 起吊时，宜将载人吊篮移至水面上方再升降，并尽可能减少回转角度。

8. 人员应避免处于吊篮下方，吊臂下不应站人。

（二）使用舷梯（图 12-2）进行人员转移

舷梯布置前水手长须检查确认栏杆、栏杆维护平台、踏板、扶手、滑轮、支架等设备装置正常完好无障碍后才可操作。使用舷梯时必须采取防滑措施，防止舷梯移动和人员滑倒。由于潮汐、装卸货及船舶操纵等因素影响，使舷梯不能安全放置时，应注意随时调整舷梯的位置。

（三）使用引水员梯（图 12-3）或软梯进行人员转移

图 12-2　舷梯

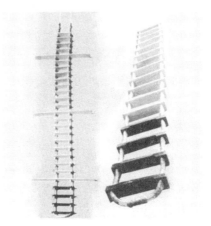

图 12-3　引水员梯

用于人员转移的引水员梯或软梯符合国际公约规定。每个引水员梯只限船舶进入或离开港口时，引水员、官员及其他人员上船或离船时使用。安放引水员梯、登离船装置及其相关设备的工作，由一位专责高级船员监督，该船员应保持与驾驶台不间断的联络。这位高级船员的职责还包括安排人员协助进行转移并引导转移人员由安全途径离开转移区域。舷边的引水员梯，以及人员转移区域，必须有适当照明。安全绳、救生衣、带有自亮灯浮的救生圈，应置放在伸手可及的地方，以便随时可用。妥善保管引水员梯、软梯及附属设备，不得移作他用。

（四）安全网的使用

在进行安全转移时应视情况使用安全网。安全网由天然或合成纤维绳制成。绳直径不得少于 5 mm，网眼不得大于 200 mm×200 mm，加固绳直径不得小于 10 mm，两绳间距不得大于 3 m。登离船装置安全网应伸出登离船装置左右侧不得小于 1.5 m。

（五）登离船装置的使用及存放

用于人员转移的登离船装置宽度应符合要求，登离船装置上必须铺设适当间距的防滑木条或橡皮条。在放置登离船装置前，现场人员应熟悉周围环境，确保安全操作。在登离船装置未放妥之前，应有防护措施，防止人员登离。放置登离船装置时须系固扎牢一端，装妥扶手栏杆、扶手绳和边网。禁止使用有损坏、腐烂等缺陷的登离船装置。所有登离船装置应适当地保养及贮藏，同时做定期检查，使之随时可用。

三、船舶与海上风机之间的转移

在进行船舶与海上风机间的转移前，应确认风场附近的天气状况是否符合要求，部分公司采用的天气限制要求为：交通船在不小于 5 级风或涌浪不小于 1.5 m 海况时，禁止出海；锚艇和 4000 马力（约 2942 kW）以下的拖轮在不小于 5 级风或涌浪不小于 1.5 m 海况时，禁止人员上下过驳。根据航线及风场附近的水深和潮汐状况确认进出风场或通过相应浅滩的时间。

（一）使用防坠器（图 12-4）进行船舶和风机间的转移

1. 运送助理应当：

（1）对楼梯、运送区、船和建筑防护物开展目视检查；

（2）对自动收缩救生索（SRL）开展使用前检查；

（3）对正在使用的任何人员运送系统开展使用前检查，以及圆满完成检查后通知船长。

2. 船长应根据以下情况批准人员运送：

（1）工作船舶的动作；

图 12-4　防坠器

（2）当前的环境状况，以及可配备船舶动作监控系统，协助船长判断恰当的状况，来实现更安全的运送。

3. 船长批准从船舶运送后，运送助理应：

（1）要求第一名被运送人向前到达运送区；

（2）查被运送人对 PPE（包括快速连接器）的正确使用情况；

（3）检查被运送人是否携带任何可能会在攀爬或高空作业时掉落的用品，如无线电、工具或其他不在一个获得批准的提升袋中的用品；

（4）下拉 SRL，协助被运送人系绳；

（5）当被运送人离开船舶时，从运送区退后，观察运送情况，以及将运送期间观察到的任何潜在危险告知被运送人和船长。

4. 将人员运回船舶时，运送助理应当：

（1）向被运送人倒数梯子的剩余阶数，告知其何时可以安全地踏上船舶；

（2）协助被运送人回到工作船舶，以及协助断开 SRL 的连接；

（3）断开 SRL 的连接后，上船的被运送人应当移动到运送区以外的一个安全位置。

5. 进行任何运送前都应向海上协调部发出通知，并在完成时予以确认。该通知应包含以下信息：运送涉及的船舶或建筑，以及被运送人的 ID 编号。

6. 在开始转移过程之前，转移人员应对 PPE（包括快速连接器）进行使用前检查并确认正常。当船舶平稳地靠上风机后，使用 SRL 装置进行人员转移的步骤及注意事项如下：

（1）根据水手的"前进"指令，转移人员从指定的转运等候区前进到船舶转运位置，在船上移动时始终将一只手放在扶手上。为了保障安全，要抓住扶手并准备好快速接头。

（2）当水手喊出命令"转移"并将 SRL 连接点呈现给转移人员时，转移人员应将快速连接器连接到 SRL 的连接点，跨过 WTG（风机）梯子并在连接到 SRL 后立即爬上，将 SRL 松动的检索线挂在肩膀上。

（3）立即从 Deckhand（甲板助理）发出"ABORT TRANSFER"（放弃转运）命令断开与 SRL 的连接。

（4）人员登上转移平台后，在与 SRL 断开连接之前，关闭平台门或提供替代的坠落保护，并发出命令"CLEAR"（清爽）以向甲板人员发出信号，表明 SRL 已准备好供下一位转移人员使用。

7. 风机到船舶的转移

（1）在开始从 WTG（风机）到船舶（出口）的转移之前，转移人员通过发出"READY FOR TRANSFER"（准备转移）命令，与 Deckhand（甲板助理）确认转移可以开始。

（2）甲板人员在从 WTG（风机）转移到船舶之前检查 SRL 制动功能和跌落指示器。

（3）转移人员连接到 SRL 并立即开始从 WTG（风机）转移到船舶。

（4）转移人员在从 CTV（船员转运船）甲板上方的第 5 个梯级爬升过程中识别 Deckhand（甲板助理）的倒计时"五、四、三、二、一"。

（5）转移人员根据水手的命令"ONE"，将一只手移至快速接头的释放功能，同时与梯子保持 3 个接触点，并在跨步时朝向船只。

（6）当转移人员的第二只脚接触到船舶时，立即从 SRL 上松开快速接头。

（7）转移人员在下降过程中，根据水手的命令"ABORT"立即向上爬升到安全位置，并根据水手的命令"READY"或"DOWN"恢复下降。

不论从船舶转移到风机的过程，还是从风机转移到船舶的过程，所有人员进行沟通必须声音洪亮且清晰，在转移过程中保持足够的谨慎，且对指令和危险要立即做出反应。

（二）使用双大钩防坠落安全绳（图 12-5）进行转移

船舶靠上风机后，在船长或甲板水手的指挥下，等船舶在波峰时快速向直梯上攀爬并在第一时间挂好双大钩的一个，并按照双大钩的使用规则爬上风机平台。直梯攀爬时整段直梯只允许有一人在攀爬，人多时应依次攀登。攀爬过程中应将工具放在安全袋里面进行攀爬。到达转移平台后工具袋应平稳存放，防止内部工具掉落损伤下方人员。

图 12-5　双大钩
防坠落安全绳

四、船舶之间的安全转移

在海上从一船动态转移到另一船（图 12-6）时，两条船必须保持同一航向，航向与涌浪保持一致。经过两船船长确认相对平稳适合人员转移时，再由接应人员进行指引和帮助，完成转移。转移前要确认好两船距离及辅助设施，如栏杆、踏步等处于牢固状态并适合登乘人员使用。如认为存在安全隐患，可禁止转移。

在海上从一船半动态（另一船已抛锚或靠码头）进行转移时，应从锚泊或停靠船的下风处靠泊。转移要求同上一条。

图 12-6　从一船转移到另一船

第二节　海上人员转移的风险及应急程序

一、转移过程中的风险

海上人员在进行转移的过程中主要存在以下安全风险：坠落、人员落水、挤压、撞击、身体负荷伤害等。由此导致的人身伤害形式主要包括以下四种。

（一）人员落水

海上人员在转移过程中由于船舶摇晃、滑倒、工属具使用不当等原因，都可能造成人员落水。人员落水后如不能采取有效的救援措施就可能导致人员溺水。溺水又称淹溺，是人淹没于水或其他液体介质中并受到伤害的状况。水充满呼吸道和肺泡引起缺氧窒息；吸收到血液循环的水引起血液渗透压改变、电解质紊乱和组织损害；最后造成呼吸停止和心脏停搏而死亡。淹溺的后果可以分为非病态、病态和死亡，其过程是连续的。淹溺发生后患者未丧失生命者称为近乎淹溺。淹溺后窒息合并心脏停搏者称为溺死，如心脏未停搏则称近乎溺死。

（二）撞击伤害

撞击伤害主要是由于物体撞击身体导致，例如船舶挤压、踏板撞击、绳索的鞭打等。此外，撞击伤害还可能来自于船舶坠落物撞击到海上爬梯或引水梯。在恶劣天气下船舶的摇晃同样增加了撞击伤害的风险。撞击所造成的伤害除了常见的致骨折、出血、开放性伤口等，还会因骨折或过大撞击力导致内脏破裂，造成二次伤害，这也往往是人们最容易忽略掉的，而这种二次伤害恰恰是最致命的伤害。

（三）坠落伤害

海上人员转移过程中的坠落伤害是指人员在转移的过程中由高处坠落于地面、水面或物体上发生的损伤。损伤的性状和轻重程度与体重、坠落高度、坠落速度、身体被撞击的部位、衣着、所撞物体的性质等因素有关，轻者仅有轻微的疼痛感，重者则可形成骨折、内脏破裂、肢体离/断等损伤，有的当即死亡。一般规律是：造成的损伤范围较广，从头至脚，从体表到内脏，常可同时发生不同程度的损伤；体表损伤一般较轻，而内脏损伤常很严重，通常在体表只有轻微的表皮剥脱和皮下出血，而内部则发生广泛性的内脏破裂和骨折；躯干表面的损伤只发生在与地面接触的一侧，而对侧则无损伤，如坠落过程中砸撞某物体，或者落地后身体滚动则可发生对侧体表损伤。坠落伤害通常伴随着较高的伤亡率，并且伤亡程度随着坠落高度和坠落人年龄的增加而增加。

（四）身体负荷伤害

身体负荷伤害指的是由于肌肉、肌腱、韧带和骨头的负荷导致的受伤或功能失常。导致身体负荷伤害的因素主要包括以下两个方面：①物理风险因素，例如重量、姿势、震动、疲劳、工作环境问题和工作设备问题等；②个人风险因素，例如年龄增长、已有的肌肉骨骼疾病、缺乏技能和经验等。

海上人员在进行转移时，负担物品过重、负担物品姿势不正确、长时间力量保持（爬梯与绳索抓取）和疲劳等相关物理风险因素都会导致身体负荷伤害，主要部位为腰部、肘部、肩部、手腕、背部和膝盖。

二、保障安全转移的主要措施

保障海上人员安全转移，重点要放在事故的预防上，把管控风险的范围拓展到可能存在危险因素的各个方面。具体来讲，可从内部系统和外部系统两方面入手。内部系统主要是指人员自身，包括转移人员自身的技术、经验、能力、心理、生理等因素。外部系统是指转移人员以外的其他因素的总称，主要包括设备、环境等因素。

（一）提升人员职业素质与自身安全意识

转移人员自身因素是影响安全转移过程的重要因素，例如人员技能、经验、健康状况以及心理和行为特点等方面的情况。

1. 最为基本的因素是转移作业的技能和经验。通过理论及实践获得转移作业的安全作业规范和技巧，不断总结经验，不断提高职业素质和自身安全意识。

2. 人员健康状况也是保障作业安全的重要因素。转移人员需要有足够的体力和强健的体魄去适应海上多变的自然条件以及转移作业紧张的工作要求。同时需要有较强的自救能力应对紧急情况。健康状况不良和精神状态欠佳，会导致反应和判断能力降低，增大了转移作业的安全风险。

3. 转移人员心理和行为状态对安全的影响同样不能忽略。转移人员需要有极强的安全意识、抗压能力、顽强的毅力、良好的工作习惯和临危不惧的应变能力。大胆盲干或胆小畏缩，都可能导致人员在转移过程中发生事故。

（二）加强转移作业流程的安全管理

为了转移作业的安全，应对船舶及海上设施作业流程作出具体规范及应急措施。在进行转移作业前，应对天气、海况等因素进行评估；对所涉及的设备进行检查，确保其可靠性，并按规定进行放置；制订详细的作业指导书并按照作业指导书进行操作；制定应急预案，一旦发生事故，立即进行应急处置。

（三）采用必要的坠落防护装备（图 12-7）

高空作业坠落防护装备的主要功能在于保护高空作业者不受到高空坠落威胁，也可使作业人员在发生坠落

图 12-7　坠落防护装备

后能够安全悬挂。坠落防护装备的基本组成部件包括安全带、连接器、缓冲器、安全绳、自锁器等。船舶上应当配置足够安全强度的坠落防护装备供转移人员在转移过程中使用。

（四）规范转移设备的配备与维护

船舶和海上设施上必须为人员转移提供符合要求的、安全可靠的转移设备。在保证各设备满足规范的同时，还需要定期和不定期地对设备进行安全检查和维护保养，及时发现和整改老化、腐蚀、霉变和强度不够等不安全因素，确保其安全使用。

三、海上设施紧急撤离的方法

当海上设施遇到不可抗力的事故情况，不能向人员提供安全空间时，为保护人员生命，必须撤离。撤离海上设施命令或信号一旦发出，所有人员应按部署表的安排前往各自的救生艇甲板集合并穿好救生衣，执行撤离任务和准备放艇，设施负责人和安全监督人员应最后撤离。

（一）全体人员集合前的行动

海上设施发生严重事故时具有破坏力强、影响范围大、蔓延速度快等特点，在撤离过程中要求所有人员按照应急部署的要求，在果断、迅速、遵守程序要求的前提下，做好以下工作。

1. 多穿衣服

人体随时都在散发热量，而在水中散发的速度较在空气中快约 25 倍。穿着衣服的作用就是要在皮肤与水之间形成一个隔离层，使身体热量散失减少，从而起保温作用。反之，如衣服穿少了，水温或气温又很低，使得体温散热量大于身体产生的热量，就会产生失热现象，最终导致昏迷和死亡。为了减少身体与水的直接接触，最好在外层穿着一件不透水的衣物（如夹克、雨衣等），内层则采用有保暖作用的衣裤。

2. 穿着救生衣

撤离海上设施前必须穿着救生衣，尽快到指定的艇、筏就位。因为救生衣可使落水后的遇险人员保持面部向上的漂浮姿势，即使落水者在水中昏迷，也能维持仰浮状态。

3. 多食多饮、多收集食物和淡水

如情况许可，撤离海上设施前还应尽量多食多饮、多携带一些淡水和食物。多吃食物、多喝淡水可保持腹中短时的饱暖，携带的淡水可作为艇、筏上备有淡水的补充。同时，最好还应尽量收集其他保护物品，如毛毯、衣物等，这样可保护人员在艇筏内的温暖。

（二）登上艇、筏

只要可能，应尽量从海上设施上登上艇、筏，避免直接落入水中。登艇、筏时应按秩序，不要争先恐后，以致发生混乱产生严重后果。如艇、筏先于人员降到水面，可利用软梯或绳索下到艇、筏内。

（三）跳水撤离

海上设施遇险后，因为随时都有下沉的可能性，因此有时会因各种原因未登上艇、筏撤离平台，此时跳水是不可避免的。为避免从高处跳入水中引起不必要的伤亡，选择跳水点的高度越低越好，跳水前应穿好救生衣，且掌握正确的方法。

注意事项如下：

1. 用左手紧握右臂上的救生衣，直至浮出水面后才能放松；

2. 右手五指并拢将口鼻捂紧（为防止海水入口鼻引起的刺激）；

3. 双脚交叉、身体保持垂直，两眼注视前方与水面平行；

4. 应注意到跳水位置最好在上风舷位置；

5. 应注意到尽量远离平台缺口、受伤部位、平台桩脚等地方跳水；

6. 应注意查看水面，避开水上障碍物；

7. 应注意尽量避免在较高的地方直跳入艇内及筏顶，以免自己本身及艇、筏受到损坏；

8. 如利用绳索下水要用双手互相交替向下移，不可手持绳索一直滑下，以免失去控制和擦破手皮；

9. 跳入水中后应尽快登上艇、筏，避免因失温造成危险。

四、人员落水应急程序

海上设施或船舶上发生人员落水事故，应按照下列流程进行应急处置：

1. 一旦发现有人落水，发现者应重复呼喊"有人落水"，并立即将附近的救生圈、绳索、木板等物品抛向（从上风上流）落水者。

2. 发现者设法发出警报，并保持瞭望落水人员，观察其漂移速度和方向。

3. 海上设施负责人（船长）接到报警后立即发出警报（三长声，连放 1 min），并根据海况和气象条件，决定是否施放海上设施或船舶救生艇营救；派人到船旁或海上设施高处瞭望，发现目标及时报告，并做好抢救准备。同时协调水上救援船只加入搜救落水人员。

4. 营救落水人员时，应根据海面风浪情况尽量让落水人员在上风舷侧获救上船，并注意避免造成伤害。

5. 若未能搜索到落水人员，应考虑水流、风力的影响，扩大搜索范围，并保持与应急指挥的联系，及时将情况上报。

6. 海上设施或船舶上要提前做好对落水人员的抢救和护理准备，并做好医疗撤离的联系，必要时护送落水者到陆地医院。

7. 整个事件的发生和应急过程应做好相应记录。

第十三章

基本急救

第一节　急救前的思考

海上急救中最常见的两种方式为无线电医嘱和直升机救援。急救前，应认真思考、判断应采取何种急救方式，为救援工作做好充分的准备。还应注意以下几点：

1. 自身的安全性，不能使自己成为新的受害者；

2. 紧急呼救并优先抢救有大出血情况、呼吸或心跳停止及昏迷者；

3. 迅速将伤病员移出危险区，当患者身处不能进入的封闭场所时，应立即请专业人员打开封闭的场所，进入时应戴上呼吸器并尽快将患者转移到安全地区。

第二节　急救的重要性

海上设施是一个特殊的生产单位，长期远离陆地工作，如果在海上突发一些紧急的人身伤害和急症，及时得到正规医院的专业救治比较困难，这就需要海上工作人员掌握一些应急的急救知识和技能，对伤员实施及时有效的初步救护。事故发生的几分钟、十几分钟是抢救危重伤员的最重要时刻，医学上称为"救命的黄金时刻"，在此时间内抢救及时、正确，生命有可能被挽救；反之，生命丧失或病情加重。

现场急救的重要性在于：

1. 挽救生命。通过及时有效的急救措施，如对心跳停止的伤员进行心肺复苏，以挽救生命。

2. 稳定病情。在现场对伤员进行对症、医疗支持及相应的特殊治疗和处置，以使病情稳定，为进一步的抢救打下基础。

3. 减少伤残。现场及时正确地对伤员进行冲洗、包扎、复位、固定、搬运及其他相应处理可以大大降低伤残率。

4. 减轻痛苦。通过现场救护及心理支持能稳定伤员情绪，减轻伤员的痛苦。

第三节　生命体征的判定

一、心跳（脉搏）

正常情况下，由于心脏的跳动使全身各处动脉壁产生有节律的搏动，这种搏动称为脉搏。正常人脉搏次数与心跳次数相一致，而且节律均匀、间隔相等。每分钟 60～100 次。发热时脉搏也增快，体温每升高 1 ℃脉搏增快 10～20 次/min。

判定方法：数脉搏前嘱咐伤病员保持安静，一般取桡动脉，将食指、中指并列，平放于选定位置，检查压力大小以能清楚感到波动为宜。如图 13-1 所示。

图 13-1　触摸颈动脉脉搏

二、呼吸

呼吸是人体内外环境之间进行气体交换的必需过程，人体通过呼吸而吸入氧气、呼出二氧化碳，从而维持人体正常的生理功能。正常人呼吸运动均匀而有节律，成人每分钟 16～20 次。

判定方法：在安静情况下观察伤病员胸部或腹部的起伏，一起一伏表示呼吸一次。呼吸与脉搏的比例为 1：4。对意识丧失的伤病员可通过观察其胸腹部有无起伏或使其头后仰以耳朵贴近其口鼻部听有无呼吸声音和感觉有无气流拂面来检查呼吸情况。对危重伤病员呼吸表浅不易观察起伏，可以用小棉花放在鼻孔旁，观察棉花吹动次数，进行计数。

三、瞳孔

在散射的自然光线下仔细观察瞳孔形状和大小，正常瞳孔特点为正圆形，直径为 3～4 mm，两侧瞳孔等大等圆，边缘整齐，对光反射灵敏。

判定方法：

1. 两侧瞳孔一大一小：在脑中风、严重颅脑外伤时出现，表明发生了脑水肿、脑疝，病情危重，需要立即抢救。

2. 两侧瞳孔均为针尖大小：在急剧中毒（如有机磷农药中毒、吗啡中毒、海洛因中毒等）及脑干出血时出现，表明病情危重，必须立即抢救。

3. 两侧瞳孔显著扩大：直径 4～5 mm，表示伤病员濒临死亡或已经死亡。

四、意识

1. 意识

意识是对自身及周围环境的感知和理解能力，是中枢神经系统对内外环境刺激做出有意义的应答反应的能力，通过语言、行动、情感、躯体运动等表达出来。意识是大脑功能活动的综合表现。正常人的意识清晰、对答正确，能够正确地识别时间、地点、人物，能对环境的刺激做出相应的反应。

2. 意识障碍

人对环境和自身的识别和觉察能力出现障碍，包括意识水平（觉醒或清醒）的受损，以及意识水平正常而意识内容（认知功能）改变，如嗜睡、昏睡、昏迷以及意识模糊、谵妄等。严重的意识障碍可导致生命体征发生明显变化。

通过观察伤病员的意识状态，可以判断伤病情的严重程度。

意识不清的几种情况：伤病员倒在地上或床上，睡眠中叫不醒，大声呼喊其名字并摇晃身体也毫无反应；将伤病员从睡眠中叫醒，很快又睡过去；神志恍惚、淡漠，不能正确回答问题，回忆不清楚周围的人和事。

意识的判断方法：轻拍伤病员面部或肩部，并大声叫喊伤病员的名字，同时拍打或用力摇晃其肩膀，如果他毫无反应，说明他神志丧失。

五、体温

人体温度保持恒定是进行新陈代谢和正常生命活动的必要条件。测量体温通常用体温表（即水银温度计），其特点是当表内水银柱升高后不能自动下降，离体时仍能停留在原刻度上，使用方便。目前还有电子体温计（如图 13-2）、红外线体温计（图 13-3）及半导体体温计等。

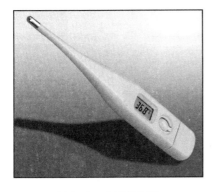

图 13-2　电子体温计　　　　图 13-3　红外线体温计

1. 测量体温常用的 3 种方式

（1）口测法。将消毒过的体温表置于舌下，然后紧闭口唇，不用口腔呼吸，测定 5 min，正常值一般为 36.3～37.2 ℃。

（2）腋测法。将腋窝汗液擦干，然后把体温表放在腋窝深处，用上臂将体温表夹紧，测量 10 min，正常值一般为 36～37 ℃。

（3）肛测法。此种测法的体温表是专测肛温的，比通常使用的体温表短些、粗些，将肛表的水银端涂液体石蜡油，被测量者屈膝侧卧，徐徐插入肛门深达肛表的 1/2 为止，5 min 后取出，正常值一般比口腔温度高 0.3～0.5 ℃。

2. 体温测量的注意事项

（1）测量前应将体温计的汞柱甩到 36 ℃ 以下，否则测量结果高于实际体温。

（2）采用腋测法时，须用上臂将体温计夹紧，否则测量结果低于实际体温。

（3）检查是否局部存在冷热物品或刺激，如用温水漱口、局部放置冰袋或热水袋等，这些因素将影响测量结果。

六、血压

血压是流动着的血液对血管壁所产生的压力。压力来源于左心室收缩产生的推动力及血管系统对血流的阻力。心脏收缩时，动脉血压达到最高值，称之为收缩压；心脏舒张时，血压降低，在舒张末期血压降至最低值，称之为舒张压。

正常血压值：一般以测肱动脉为标准。正常成人安静状态下的血压范围为收缩压 90～140 mmHg（12～18.6 kPa），舒张压 60～90 mmHg（8～12 kPa）。二者之差为脉压，脉压 30～40 mmHg（4～5.3 kPa）。

测量血压是判断心功能与外周血管阻力的最好方法。血压的测量方法：一般测右上臂，血压计最好与心脏同高，打开血压计将袖带内的气体排出，平整地缠在右上臂的中 1/3 处，下缘距肘窝 20～30 mm，松紧适度，把听诊器放在肘窝动脉波动处，然后向袖带内打气，等动脉波动消失，再将水银柱升高 20～30 mm，缓慢地放出袖带中的气体，当听到第一个动脉搏动声音时，水银柱上所显示的压力即为收缩压，之后水银柱渐渐下降至声音消失，或音调节律突然减弱时，水银柱所显示的压力为舒张压。通常连续测 2～3 次，取最低值。

第四节　常用急救技术

一、基础生命支持——心肺复苏（CPR）

基础生命支持（BLS）是一个紧急生命急救过程，用有效的手段解决呼吸道梗阻、呼吸抑制、循环或心脏抑制。本节着重描述人工呼吸和心脏按压，即心肺复苏术（CPR）。

在心跳、呼吸停止时采取的急救措施称为心肺复苏术，包括人工呼吸和胸外心脏按压。对于各种原因引起的呼吸、心搏骤停，若不能尽快施行心肺复苏术，伤病员将很快死亡；若不能正确地施行心肺复苏术，伤病员也不可能得救。因此，不仅医务人员要掌握心肺复苏术，船上人员也应该熟练掌握，只有这样，才能提高现场和院前抢救水平，使急诊的死亡和残废率明显下降。

心肺复苏术的主要措施包括胸外心脏按压、开放气道和人工呼吸，简称CAB（Circulation，Airway，Breathing）。

（一）评估现场准备抢救

1. 确保现场环境安全，抢救者平伸两臂，双目上下左右环视评估现场是否安全以及是否适合抢救。若无异常则报告："现场环境安全！"

2. 双膝跪地，一条腿膝盖对准伤病员肩头，另一条腿对准伤病员肚脐，两腿分开。

（二）判断意识

拍双肩两遍呼喊："喂，你怎么了？喂，你醒醒！"（图 13-4）

动作要领：轻拍重喊，不要过分摇晃伤病员头部和身体。若伤病员无反应、无痛感，往往表示心搏骤停。

（三）启动现场急救程序

1. 大声呼救，如："快来人啊！这里有人晕倒啦！"使附近其他人前来协助抢救（图 13-5）。

检查伤病员是否有反应，轻拍并呼喊对方："你还好吧？"

图 13-4　问询

图 13-5　呼救

2. 拨打"120"等急救电话——可以由其他人（在船上应及时通知驾驶台及船长寻求帮助）操作。

（四）摆正伤病员 CPR 体位——平卧位

伤病员仰面平躺在坚实的地面上，头部不得高于胸部。后背不要置于沙发、席梦思等软的物体上面，这样会影响胸外按压的效果。如果伤病员躺在软床上，应移至地面或在其背部垫上与床同宽度的硬板。

（五）胸外心脏按压术

胸外心脏按压配合人工呼吸可为心脏和脑等重要器官提供一定含氧量的血流，为进一步复苏创造条件。具体操作步骤如下。

1. 暴露胸部

2. 快速有力的胸外心脏按压（图13-6）

（1）着力点定位

①伤病员两乳连线与胸骨柄交界点即胸骨中下 1/3 处；

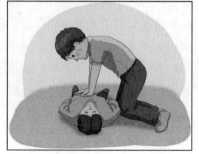

图13-6　胸外心脏按压

②抢救者用靠伤病员腿部一侧手（即抢救者位于伤病员右侧用右手，位于左侧用左手）的中指和食指顺肋缘向上滑动到剑突下，这时食指和中指与胸骨长轴垂直，食指上方胸骨的正中区即为按压区，由此确定按压时左手掌根的位置。

（2）按压要点：双手掌根重叠，左手在下，两手贴合，手指交扣上翘，手掌根部横轴与胸骨长轴确保方向一致。

双肩前倾在伤病员胸部正上方，腰挺直，两臂伸直，以髋关节为支点，用整个上半身的重量垂直下压，使胸骨下陷 5～6 cm，随后放松。按压和放松的时间大致相等，放松时双手不要离开胸壁，连续 30 次。按压时最好数双数，按压频率为 100～120 次/min。

（3）抢救者同时两眼注视伤病员脸色情况。

（六）开放气道

1. 压额提颏法

将一只手的小鱼际压住伤病员的前额，另一只手的食指、中指放在伤病员下颌中点偏内 1～2 cm 处，使下颌骨上抬与地面呈 90°直角，这样可使其舌根拉起，气道开放并保持此状态直至抢救结束。

2. 仰头抬颈法

伤病员仰卧，抢救者一手抬起伤病员颈部，另一手以小鱼际侧下压伤病员前额，使其头后仰，气道开放。

3. 双手抬颌法

伤病员平卧，抢救者用双手从两侧抓紧伤病员的双下颌并托起，使头后仰，下颌骨前移，即可打开气道。此法适用于颈部有外伤或者颈椎损伤时的抢救。

注意：颈部有外伤者只能采用双手抬颌法开放气道，不宜采用压额提颏法和仰头抬颈法，以避免进一步加重脊髓损伤。

（七）判断呼吸

抢救者俯身侧耳通过"一看二听三感觉"了解伤病员有无呼吸，5～10 s 完成。注意保持伤病员下颌上抬开放气道的姿势。

《2010 国际心肺复苏及心血管急救指南》对判断呼吸不作要求，可以只判断心跳，也可以判断心跳和呼吸同时进行。

图 13-7 人工呼吸

（八）人工呼吸

人工呼吸法中，最简便、有效的方法是口对口呼吸法，但在抢救吞服剧毒物伤病员时不适用此法。注意口腔内如有异物或有呕吐物，应立即将其清除，但不可占用过多时间（图 13-7）。

1. 保持伤病员开放气道（开放气道要迅速完成，而且在心肺复苏全过程中，自始至终要保持气道通畅）。开放气道后，应立即给予人工呼吸 2 次。抢救者用置于伤病员前额一手的拇指与食指捏住伤病员鼻孔，另一手食指与中指抬起下颌使其头部后仰以打开气道。张口罩紧伤病员口唇连续缓慢吹气两口，每次约 2 s，吹气量为 400～600 mL。吹气时头转向前，用眼角注视伤病员的胸廓，以看到伤病员胸廓膨起为有效。吹气后，放开鼻孔待伤病员呼气，同时抢救者注视伤病员的胸廓，并吸气，准备下一次吹气。待胸廓下降后吹第二口气。频率为每分钟 10～12 次。

2. 如有简易呼吸器，操作者一手拇、食指作 C 形状压紧呼吸面罩于伤病员口鼻处，另三指拉抬其下颌骨使伤病员处于气道开放位置。

（1）心肺复苏的协调

无论一人还是两人进行心肺复苏时，均应每 30 次胸外按压后给予 2 次吹气，按压和通气比例保持为 30：2（图 13-8、图 13-9）。

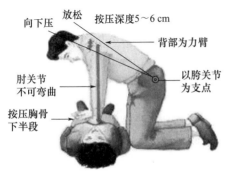

图 13-8 心肺复苏要领

图 13-9 心肺复苏步骤

（2）复苏后体位（侧卧位）

伤病员经抢救后有自主呼吸及心跳但仍处于昏迷状态时，应将伤病员放置于侧卧的体位。或头部旁偏，同时穿好衣服、盖上被毯，注意保暖。

（3）注意事项

①抢救要及时，动作要规范，心肺复苏术要持续进行；

②目前国际上通用一个周期为 5 个循环（约 2 min），每个循环包括胸外心脏按压 30 次和 2 次人工呼吸；

③一个周期后可停下来判断伤病员是否恢复自主呼吸和心跳，若没有恢复则继续进行抢救，进行复苏效果判断要求迅速，时间为 5～10 s。

附：心肺复苏术效果评估

1. 心肺复苏术有效指征

（1）昏迷程度变浅，出现各种反射；

（2）出现无意识挣扎动作、呻吟等；

（3）自主呼吸逐渐恢复；

（4）触摸到规律的颈动脉搏动；

（5）面色转红润；

（6）双侧瞳孔缩小，对光反射恢复。

2. 终止心肺复苏术的条件

（1）自主呼吸和心跳已有效恢复或有其他专业人员接替抢救；

（2）开始进行 CPR 前，能确定心跳停止达 15 min 以上者；

（3）进行标准基础生命支持和高级生命支持，心脏持续无任何反应达 30 min 以上或虽进行基础生命支持抢救，不能达到效果；

（4）因救护者疲惫、周围的环境危险、持续复苏可造成其他人员危险而不得不终止。

二、出血与止血

出血是指血管破裂或断裂后血液外流的一种现象，伤口大量出血若不及时止血，可危及生命。止血是抢救伤员的一项重要措施，必须熟练地掌握这一技术，以便遇到出血紧急情况时，能够及时而准确地进行自救与互救。

外伤往往导致人体受伤部位的出血。出血可分为内出血和外出血。一次失血在总血量的 20％以上时，伤病员可出现头晕、头昏、脉搏增快、血压下降、出冷汗、脸色苍白、尿量减少等症状。当受伤引起大出血失血量达到 40％时就会有生命危险。

（一）出血特点及临床表现

1. 动脉出血

为鲜红色血，出血速度快，有时形成血柱呈喷射状流出，出血点多在伤口近心端。如不及时止血可危及生命。

2. 静脉出血

血色为暗红色，为持续性流血，多数是涌出或者缓缓流出，出血点多在伤口的远心端。如果出血时间较长未及时止血同样也会危及生命。

3. 毛细血管出血

血为鲜红色，由伤口中慢慢渗出，往往在创面上形成血滴，逐渐汇成血流，出血不多，出血点多不明显，量较少常可自行凝结，其危险性较小。

急性出血必须立即制止，伤病员应平卧防止发生休克。全身主要动脉的压迫止血点如图 13-10 所示。

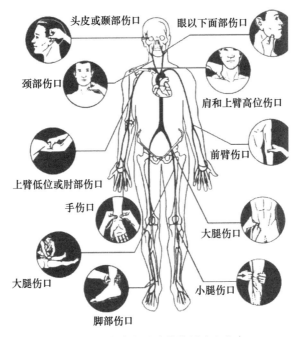

图 13-10　全身主要动脉的压迫止血点

（二）止血方法

1. 指压动脉止血法

指压动脉止血法是根据全身动脉血管的分布情况，临时用手或者手掌直接压迫伤口近心端的动脉干，将动脉干压迫在深部的骨面上，使血管被压闭，以阻断血液的流通，从而达到止血的目的。本方法是一种临时有效的措施，其持久性较差，所以凡是大血管出血的伤员，在使用指压动脉止血法的同时，还要考虑改用其他较持久的止血办法。

2. 伤口加压包扎止血法

用敷料或其他干净的毛巾、手帕覆盖于伤口上，然后用绷带加压扎紧即可

（松紧程度以既能止血又能保障受伤肢体血液循环为适宜）。该方法主要适用于较小的血管引起的出血或渗血，有骨折或有异物存在时则不适用。

3. 止血带止血法

这是一种在其他止血方法失败时采用的止血方法，通常在四肢血管断裂、出血量大的情况下使用。

扎结部位：上肢在上臂上 1/3 处，下肢为大腿的中上段。

扎止血带时要注意松紧适宜，如果是胶皮管其下方与皮肤间应包一层纱布，标记时间并每隔 30～60 min 放松一次，每次放松时间不超过 3 min。

现场如无止血带，可用布带等代替，如图 13-11 所示。

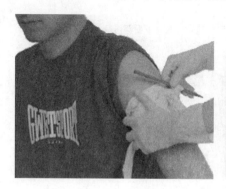

图 13-11　止血包扎方法

4. 伤口加压包扎止血法

（1）敷料加压包扎止血法

敷料加压包扎止血法是在伤口处填塞以干净的纱布后，再用绷带进行加压包扎的方法。该方法主要适用于较小的血管引起的出血或渗血，有骨折或者有异物存在时则不适用。止血时，除在伤口处填塞纱布外，若有条件可在创口处撒上止血药物的粉末，如云南白药粉或明胶海绵等，然后再加压包扎以取得更好的止血效果。要注意的是，创口一定要保持清洁，不得任意用黄土、棉花或者香灰等止血。

（2）加垫屈肢止血法

肢体的关节部位下端出血时，首先在关节屈侧加棉垫、毛巾团或者折叠好的三角巾，然后将伤肢关节屈曲后进行固定，以达到止血的目的，如图 13-12 所示。

5. 止血带止血法

止血带止血法是利用有弹性的胶皮管、较软的布带或者三角巾折成的布带等在出血部位的近心端将整个肢体进行绑扎，以阻断通向肢体的动脉血流，使末端没有血液供应，从而达到止血目的。止血带止血法适用于四肢较大动脉出血的止血。有时，在现场找不到胶皮类止血带时，可用听诊器胶管或者三角巾、绷带、手帕等代用，但不可用绳索、电线或铁丝等物品代替止血带。

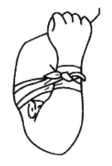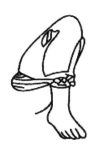

(a) 屈肘加垫压迫肱动脉法   (b) 屈膝加垫压迫股动脉法

加垫屈肢止血法

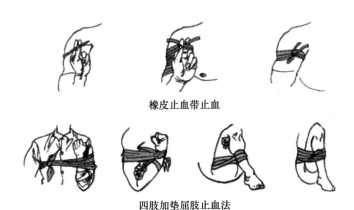

橡皮止血带止血

四肢加垫屈肢止血法

图 13-12   加垫屈肢止血法

（1）橡皮止血带止血法

首先，在绑扎部位用毛巾或者衣服垫好，用左手的拇指、中指、食指持止血带的一端（距上端 8～10 cm），然后用右手拉紧止血带的另一端绕伤肢缠两圈，将止血带的末端放入止血带下面左手的食指、中指之间，最后两指夹住止血带拉回固定。

（2）勒紧止血法

勒紧止血法是用三角巾折叠成带状或用软布带在伤口近心端勒紧止血，第一道绑扎作垫层，第二道压在第一道上面勒紧。

（3）绞紧止血法

绞紧止血法是将绷带卷（或将毛巾、纱布折成绷带卷大小）放在伤口近心端的动脉干上，用布带子放在其上绕肢体两圈后拉紧，待两端合拢后打一活结，将绞棒插在后一圈的下面提起绞紧，然后将绞棒的一端捅入活结内，最后将活结拉紧固定绞棒。

6. 使用止血带的注意事项

止血带止血法使用不当会引起或加重肢端坏死、急性肾功能不全等并发症。因此，使用止血带应注意如下事项：

（1）止血带主要用于四肢的动脉出血，如果不是较大的动脉出血，可以不必使用止血带止血。

（2）必须记住或记录开始使用止血带的时间，如果时间较长，应每 1 h 内放松一次，每次 1～3 min，使肢体在短时间内恢复血液的循环。松解期间，伤口可做加压包扎，加压包扎能够止血时，则可以不必再上止血带。若有大血管损伤，出血已很多时，不要轻易松解止血带，以免引起严重后果。

（3）止血带的松紧以不流血为度。过松时，起不到止血效果；压迫过紧时，易损伤神经和引起组织坏死。

（4）上止血带前，先将伤肢抬高片刻，使静脉回流。止血带应安置在距离伤口近些的地方（近心端），但是又不要直接接触伤口。

（5）上臂不应扎在中 1/3 处，以免损伤桡神经，引起远端的肢体麻痹。应扎在上臂的上 1/3 或前臂的最上部。前臂和小腿有两根骨骼，止血带对动脉压迫不紧时，止血效果不好；遇此情况时，止血带可以安置在上臂上 1/3 或大腿的中上部位。

（6）安放止血带时，应在肢体上用绷带或者布类物品如棉花、毛巾、衣服等包裹在止血带的下面，再将止血带扎紧在绷带等物品的上面，以免损伤神经。

三、包扎

包扎的目的是保护伤口、减少污染，固定骨折以防止骨折处活动造成进一步的损伤，还可以通过包扎达到止血以及固定药物、辅料，减轻疼痛的作用。

常用的包扎材料为三角巾、绷带，若现场无包扎材料也可用毛巾、衣服、床单等代替。无论是哪种包扎方法都要求牢固、舒适整齐。最常用的包扎方法为三角巾包扎法。

1. 头顶帽式包扎法（图 13-13）

先将三角巾的底边折叠成二层（约二指宽），放置于前额两眉的上方，然后将三角巾的顶角放在头后部，三角巾的两端经两耳上方拉向头后部交叉，再返回前额部打结；最后，将后部多余的三角巾顶角部分掖入头后部交叉处。

2. 面颌包扎法

将三角巾叠成长带，宽约 10 cm，将下颌兜起绕过头顶到对侧耳前颞部将两头绞成十字并横行于额部包扎打结。

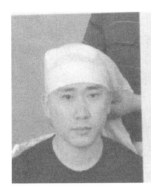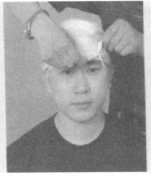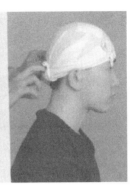

图 13-13　头顶帽式包扎法

3. 单肩包扎法（图 13-14）

三角巾顶角过伤侧肩颈部置于胸前，用系带从后经腋下沿三角肌下缘处绕上臂二周固定，将外侧底角折回肩部过后背与另一底角在对侧腋下打结。

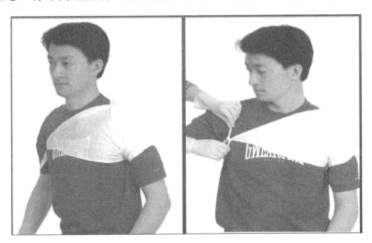

图 13-14　单肩包扎法

4. 双胸包扎法（图 13-15）

将三角巾对折成燕尾状置于胸前，将系带绕过后背与底边打结，提起左右底角上翻至颈后打结。

5. 臀部包扎法

三角巾斜放于伤侧臀部，顶角向后近臀裂处系带绕过大腿上端固定，将一侧底角从下反折向上经由臀部至对侧腰髂（qià）部与另一侧底角打结。

6. 手部包扎法（图 13-16）

将三角巾一折二，手放在中间；中指对准顶角，把顶角上翻盖住手背然后两角在手背交叉，围绕腕关节在手背上打结。

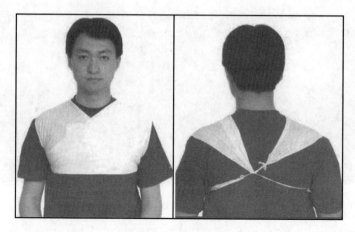

图 13-15　双胸包扎法

图 13-16　手部包扎法

四、骨折固定术

船上的工作人员比较常见的伤病多是因意外事故或外界环境所造成的，骨折便是其中之一。这里重点介绍骨折和固定方法。

（一）骨折的定义和临床特点

骨折是指骨的完整性遭到破坏或其连续性发生中断。一般多由外力（暴力）作用所至，又称外伤性骨折。检查时可发现骨折部位有明显肿胀、疼痛压痛、功能障碍不能活动甚至出现畸形和骨擦音。

（二）骨折的现场急救程序

要注意现场急救以固定骨折为主。如有出血时要先止血，再包扎固定，最后搬运伤病员。在未能进行有效固定前，切忌盲目移动伤病员受伤部位，以免造成进一步伤害。严禁现场复位。

（三）骨折固定的基本要素

夹板的固定使用：夹板长短一般与肢体长短相称，肢体突出部位要加棉垫。先包扎骨折处的两端再固定肢体的关节。注意操作时动作要轻，松紧适宜且牢固，并露出指（趾）端随时观察血液循环情况。

（四）骨折的固定方法

现场固定是骨折急救时最重要的一项工作，用适当的方法将骨折的肢体临时固定起来，可以止痛，防止休克。骨折断端穿出伤口外，不允许立刻纳入伤口内，以免引起伤口感染，避免骨折断端在搬运移动时更多地损伤组织。

1. 前臂骨折夹板——三角巾固定法

夹板一块长及肘关节至手指，将夹板置于前臂及手背侧，用三角巾或宽绷带扎紧，夹板两端外侧打结，再将伤肢悬吊于胸前。如有两块夹板，可在掌、背两侧各放一块固定，再用三角巾将肘关节屈曲吊起。如现场无夹板等固定物时，可用两块三角巾将伤肢固定于胸前。方法是：先用一块三角巾摊开于胸前，一角置于伤肢对侧颈旁，将伤肢置于胸前，肘关节屈曲呈 90° 或略小的角度，折起三角巾使其下角自伤侧颈旁搭过，并且在颈后将两角结扎；另用一块三角巾叠成宽带，将伤肢固定于胸壁上。如图 13-17 所示。

(a) 上臂骨折固定　　　　　　　(b) 前臂骨折固定

图 13-17　骨折固定

2. 小腿骨折与健肢固定法

小腿骨折时，若现场无夹板等固定物，可利用健肢进行固定。将两下肢合并，在膝关节处及上下和踝关节处各扎一条三角巾，打结在健肢外侧。注意踝关节用"8"字形固定并在两腿间加棉垫。

五、搬运

伤病员在现场进行初步急救处理后和在随后送到医院的过程中，必须经过搬运这一重要环节，规范科学的搬运术对伤员的抢救、治疗和预后都是至关重要的，是急救医疗不可缺少的重要组成部分。

（一）注意事项

1. 休克人员平卧，尽量减少搬动；

2. 怀疑有骨折不应让伤病员试着行走；

3. 骨折人员应先固定再搬运；

4. 脊椎骨折伤病员在搬运时，可在担架上垫上一块硬板。

（二）搬运方法

1. 扶行法（图 13-18）

适用于清醒的伤病员，没有骨折，伤势不重，能自己行走。

2. 背负法（图 13-19）

适用于老幼、体轻、清醒的伤病员。

3. 轿杠式（图 13-20）

适用于清醒的伤病员。

图 13-18　扶行法　　　　图 13-19　背负法　　　　图 13-20　轿杠法

4. 爬行法（图 13-21）

适用于狭窄空间或浓烟的环境下。

5. 抱持法（图 13-22）

适用于年幼、体轻没有骨折者，是短距离搬运的最佳方法。

6. 双人拉车式（图 13-23）

适用于意识不清、无骨折的伤病员。

7. 三人平抬式（图 13-24）

适用于脊椎骨折的伤病员。

8. 器械搬运（图 13-25）

担架（包括软担架）、床单、椅子木板作为搬运器械的一种搬运方法。

图 13-21 爬行法　　　　　　　图 13-22 抱持法

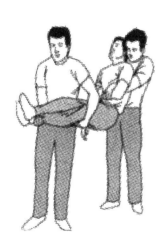

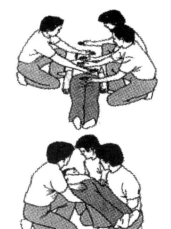

图 13-23 双人拉车式　　　　图 13-24 三人平抬式

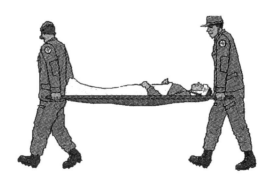

图 13-25 器械搬运

在海洋石油设施上，担架是重要的搬运器材之一，但海洋石油平台上内部空间狭小、楼梯窄，所以在使用担架搬运时，要用绳索或安全带将伤病员固定（图13-26）。

图 13-26　救助担架

遇有脊柱、脊髓损伤或疑似损伤的伤病员，不可任意搬动或扭曲其脊柱部。搬运时，顺应伤病员脊柱或躯干轴线，滚身移至硬担架上，一般为仰卧位，原则上由2～4人同时进行，且用力均匀，动作一致。切忌一人抱胸、另一人抱腿的双人拉车式搬运，因为这会造成脊柱的前屈，加重损伤。遇有颈椎损伤的伤病员，首先要注意不轻易改变其原有体位，如坐位不行，马上让其躺下，应用颈托固定其颈部。如无颈托，则头部的两侧可用软枕或衣物等物固定，然后一人托住其头部，其余人协调一致用力将伤员平直地抬到担架上。搬运时注意用力一致，以防止因头部扭动和前屈而加重伤情。

第五节　海上典型伤害的急救措施

一、烧伤

（一）烧伤（烫伤）的定义

烧伤是由于热的固体、液体、气体、火焰、电力或化学物质、放射线等接触到人体组织而引起的损伤。热的液体引起的烧伤，也称为烫伤。

热力烧伤占各种烧伤的85％～90％，化学烧伤及电烧伤的发病率近年有上升趋势。

（二）烧伤的判断

烧伤的严重程度和深度与面积有关。

1. 面积的计算

（1）手掌法

用于零散的小片烧伤及小面积烧伤的计算（适用小面积烧伤的估计）。以伤者本人手指并拢的手掌面积为全身的 1% 来估计烧伤区域的面积。

（2）九分法

将全身分为 11 个 9，即头部和颈部一个 9%，两个上肢为 18%（2 个 9%），躯干为 27%（3 个 9%），两下肢包括臀部为 46%（5 个 9%＋1%）。

2. 深度的估计（三度四分法）

临床上习惯将Ⅰ度和浅Ⅱ度称为浅度烧伤，深Ⅱ度和Ⅲ度称为深度烧伤（表 13-1）。

表 13-1 烧伤深度鉴别表

深度分类		损伤深度	外观	疼痛感觉	伤面愈合
Ⅰ度（红斑）		角质层、生发层健在	发红，无水泡，干燥	痛觉明显	3～6 天痊愈，无疤
Ⅱ度	浅Ⅱ度	达真皮浅层，部分生发层健在	水泡，基底部色红润	剧痛	10～14 天痊愈，如无感染不留疤痕
	深Ⅱ度（水泡）	达真皮深层，表皮附属器官残留存在	水泡，基底部色白润	痛觉迟钝	3～4 周愈合，有疤痕
Ⅲ度（焦痂）		达皮肤全层，甚至包括皮下各层直到肌肉骨骼	皮革样，苍白，炭化或焦黄干燥	痛觉消失	3～5 周焦痂自行分离形成肉芽

（三）烧伤的分类

1. 轻度烧伤：总面积在 10% 以下的Ⅰ、Ⅱ度烧伤。

2. 中度烧伤：总面积在 11%～30%，或Ⅲ度在 10% 以下，且无并发症者。

3. 重度烧伤：总面积在 31% 以上，或烧伤面积不及 31% 但有下列情况之一者：

（1）全身情况严重或有休克者；

（2）严重损伤或合并化学中毒；

（3）呼吸道烧伤。

（四）烧伤的现场急救措施

1. 伤员由火焰烧伤，要立即脱去着火的衣服，或就地打滚，切勿奔跑，以免加重烧伤。

2. 切勿呼喊，以免火被吸入造成呼吸道烧伤。不要用手拍打火焰，以免烧伤手部。可跳入就近的水源中灭火。

3. 汽油烧伤时，应以湿布覆盖。

4. 热液烫伤时，要迅速将衣服脱下，并及时用冷水浸沐伤处，以减轻疼痛。

5. 化学烧伤时，应用大量清水冲洗创面，磷烧伤要以湿布外盖。

（五）注意事项

在急救过程中应保护创面，减少污染。迅速转送医院。搬运伤病员动作要轻、要平稳，应该注意观察伤病员伤情变化，注意保暖。对呼吸、心跳已发生严重变化或骤停者，应立即就地抢救，待伤病情稳定后再转送。

二、触电

触电在海上作业中常有发生。在平台及船舶上，由于平台及船舶都是钢铁构造，如果电器设备绝缘性差，则极易造成触电。触电是电流通过人体引起损害，主要危害是：低电压常引起心室纤颤、高电压则多引起心搏停止和呼吸停止。如不及时抢救，严重者可造成死亡。

（一）触电症状

1. 轻型

一般轻型触电伤员，由于精神紧张常在一瞬间脸色苍白、表情呆滞，呼吸心跳好像突然停止，对周围失去反应，一些敏感的人常会发生休克晕倒于地。其实，这并非真正的休克，而是恐慌所致。

2. 中型

呼吸、心跳受到一定的影响，呼吸常加快变浅，心跳加速，有时出现期前收缩，伤员常短时间内陷于昏迷，瞳孔不散大，对光反应存在，血压无变化。

3. 重型

呼吸中枢受到抑制，迅速出现呼吸加快、呼吸不规则，甚至呼吸停止。心脏受影响，表现为心跳不规则，严重时可致心脏停搏。

（二）影响电流对人体伤害的因素

1. 电压、电流越高，对人体危害越大。

2. 交流比直流危害大，低频电流比高频电流危险性大，因低频电流容易引起生理紊乱。

3. 电流通过人体时间越长，危险性越大。

4. 电流通过身体部位不同，危险亦不同，如电流通过心脏区域比只通过四肢危险得多。

5. 触电环境及接触物的电阻越大，危险越小。

6. 人体的一般状况，虽身体好坏不能显著影响触电后的危险程度，但能影响触电后的反应，如体弱者反应就比较重。

（三）急救的措施

1. 立即使伤员脱离电源

可关闭、切断或使伤员迅速离开电源，因为伤员与电源接触时间越长危险性越大。但在此过程中，抢救者必须时刻注意自己及他人的安全，首先不要使自己受到损伤。

2. 吸氧及人工呼吸

如电流损伤呼吸中枢，伤员出现呼吸困难时，如有条件，可给予吸入氧气，如伤员出现呼吸停止，应立即进行口对口的人工呼吸，方法同前。

3. 胸外心脏按压

进行人工呼吸时，不要忽视对心跳的观察及处理，如伤员出现心脏停搏，应立即行胸外心脏按压以维持血液循环，方法同前。

4. 其他

如还有伤口及其他外伤，应给予包扎及相应的处理。

三、休克

（一）休克的定义

休克是循环障碍造成组织缺氧、代谢障碍的全身综合征。

在急救工作中，经常会遇到一种紧张的场面：伤病员短时间内出现意识模糊、全身软弱无力、面色苍白、冷汗淋漓、脉搏微弱快速、血压急骤下降，这就是休克。

休克的原因很多，总的来说是身体遭到了严重打击或严重疾病的全身性征象。

（二）休克的原因

1. 急性失血

在海上作业工作中的外伤所致大出血，包括胸、腹腔损伤的内出血及其他外出血，消化道大出血，如胃及十二指肠溃疡出血的呕血黑便。呼吸道大出血，如肺结核的咯血。

2. 严重脱水、失盐

如各种原因引起的剧烈呕吐、腹泻、中暑后大量出汗等，使伤病员严重脱水、电解质紊乱造成血液浓缩，有效循环血量减少。

3. 心力衰竭

心脏病的病人，特别是冠心病人出现心肌梗死时，心脏泵出的血液不足，继而造成微循环供血不足，组织缺血，细胞坏死。

4. 过敏性休克

由于过敏造成血管扩张，回心血量减少而出现休克，如青霉素过敏、链霉素过敏等。

5. 感染性休克

患严重感染时，由于细菌毒素作用而造成微循环衰竭，如肺炎、中毒性痢疾等。

（三）休克的症状

1. 早期

可有外围血管收缩、皮肤苍白、四肢冰凉、口唇微紫、烦躁不安、呼吸浅速、全身衰弱、脉压差缩小、尿量减少，此时血压正常或偏低，偶尔血压偏高。

2. 晚期

多数心率增快、心音弱，呼吸急速，节律不齐，尿量少或无尿，血压下降，反应迟钝甚至昏迷。

（四）休克的急救措施

1. 让伤病员平卧，稍抬高下肢 15°～30°角，注意保暖。尽量不搬动伤病员，如必须搬动，动作要轻。

2. 迅速治疗引起休克的原因，如确切止血等。

3. 迅速取得医疗援助或送往医院。

4. 如有条件可给予补液治疗。

5. 如休克时间较长，酸性代谢产物在体内堆积可给予输入 5‰碳酸氢钠 500 mL，以纠正酸中毒。

6. 对血压回升不显著者，可使用血管活性药物，这项治疗要有医生指导进行。

第三部分
消 防

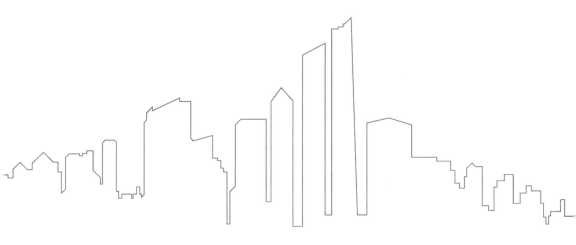

第十四章

防火常识

第一节　海上消防基本知识

燃烧的基础知识主要包括燃烧条件、燃烧类型、燃烧方式与特点及燃烧产物等相关内容，是关于火灾机理及燃烧过程等最基础、最本质的知识。

一、燃烧条件

燃烧过程中，燃烧区的温度较高，使其中白炽的固体粒子和某些不稳定（或受激发）的中间物质分子内电子发生能级跃迁，从而发出各种波长的光。发光的气相燃烧区就是火焰，它是燃烧过程中最明显的标志，由于燃烧不完全等原因，会使产物中产生一些小颗粒，这样就形成了烟。

各种与氧化类似的强放热反应（如氮化、氟化、氯化）、分解反应（如联氨分解），或轻金属（如钠）加水的反应，也可称为燃烧。燃烧时除产生高温（常为 600～3000 ℃）和光辐射外，还产生自由基、原子、电子和离子。燃烧不单纯是化学反应，同时还存在流动、传热、传质等物理现象并与化学反应相互作用。

燃烧可分为有焰燃烧和无焰燃烧。通常看到的明火都是有焰燃烧；有些固体发生表面燃烧时，有发光发热的现象，但是没有火焰产生，这种燃烧方式则是无焰燃烧。燃烧的发生和发展，必须具备 3 个必要条件，即可燃物、助燃物（氧化剂）和引火源（温度）。当燃烧发生时，上述 3 个条件必须同时具备，如果有一个条件不具备，那么燃烧就不会发生，如图 14-1 所示。

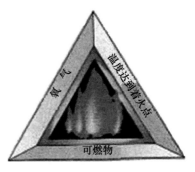

图 14-1　着火三角形

1. 可燃物

凡能与空气中的氧或其他氧化剂起化学反应的物质，均称为可燃物，如固态的木材、纸张、塑料、钾、钠、镁、铝粉，液态的汽油、煤油、柴油、酒精，气态的氢气、乙炔、石油液化气等。

2. 助燃物（氧化剂）

凡是与可燃物结合能导致和支持燃烧的物质，称为助燃物。如广泛存在于空气中的氧气、其他氧化剂（氯、溴、高锰酸钾、过氧化钠、氯酸钾）等。普通意义上，可燃物的燃烧均是指在空气中进行的燃烧。在一定条件下，各种不同的可燃物发生燃烧，均有本身固定的最低氧含量要求，氧含量过低，即使其他必要条件已经具备，燃烧仍不会发生。如空气中的氧含量低于15%时，火便会因氧气不足发生阴燃；低于9%时，火便熄灭。

3. 引火源（温度）

凡是能引起物质燃烧的点燃能源，统称为引火源。在一定条件下，各种不同可燃物发生燃烧，均有本身固定的最小点火能量，只有达到一定能量才能引起燃烧。常见的引火源有下列几种：

（1）明火。如火柴火、蜡烛火、打火机火、烟头火、炉火、焚烧等。

（2）电弧、电火花。电器线路或设备由于漏电、短路、过负荷、接触电阻过大或绝缘被击穿所造成的高温。

（3）高温物质。如烧红的电热丝、灼热铁块、高温设备、管道及正在使用的炉灶、烟囱等。

（4）摩擦热。如机械摩擦、压缩、撞击产生的热。

（5）雷击或静电。雷击瞬间高压放电能引燃任何可燃物。静电是石油行业引发火灾的主要原因之一。

（6）光能。如辐射热、阳光聚集而产生的热。

（7）自燃引火源。是指在既无明火又无外来热源的情况下，物质本身自行发热、燃烧起火，如白磷、烷基铝在空气中自行起火；钾、钠等金属遇水着火；易燃、可燃物质与氧化剂、过氧化物接触起火等。

此外，还有自然界存在的地热、火山爆发等。

4. 链式反应自由基

自由基是一种高度活泼的化学基团，能与其他自由基和分子起反应，从而使燃烧按链式反应的形式扩展，也称游离基。

研究表明，大部分燃烧的发生和发展除了具备上述 3 个必要条件外，其燃烧过程中还存在未受抑制的自由基作中间体。多数燃烧反应不是直接进行的，而是通过自由基团和原子这些中间产物瞬间进行的循环链式反应。自由基的链式反应是这些燃烧反应的实质，光和热是燃烧过程中的物理现象。因此，完整的论述，大部分燃烧发生和发展需要 4 个必要条件，即可燃物、助燃物（氧化剂）、引火源（温度）和链式反应自由基，燃烧条件可以进一步用着火四面体来表示，如图 14-2 所示。

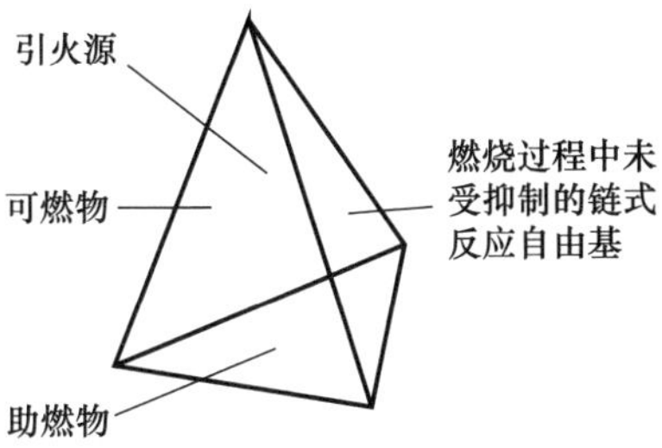

图 14-2 着火四面体

二、燃烧类型

（一）燃烧分类

按照着火方式的特点，燃烧可分为闪燃、着火、自燃、爆炸。

1. 闪燃

在一定温度下，易燃和可燃液体（包括能蒸发蒸气的少量固体，如石蜡、樟脑、萘等）产生的蒸气与空气混合后，达到一定浓度时遇明火产生一闪即灭的现象，这种燃烧现象就叫作闪燃。液体能发生闪燃的最低温度，叫作闪点。物质温度在闪点时，它的燃烧速度并不快，生成的蒸气仅能维持一刹那的燃烧，还没来得及供应新的蒸气继续燃烧下去，闪燃就熄灭了。但闪燃往往是着火的先兆，液体的闪点越低，火险就越大，它是评定液体火灾危险性的主要依据。

2. 着火

可燃物在与空气共存的条件下，当达到某一温度时，与引火源接触既能引起燃烧，并在引火源离开后仍能持续燃烧，这种持续燃烧的现象称为着火。着火就是燃烧的开始，并且以出现火焰为特征。着火是日常生活中最常见的燃烧现象。

可燃物质燃点越低，越容易起火。根据可燃物质的燃点高低，可以鉴别火灾危险程度，以便在防火和灭火工作中采取相应的措施。例如，对火场上燃点低的物质，应首先进行冷却保护或疏散，以防止火灾扩大蔓延。

3. 自燃

可燃物质在没有外部火花、火焰等引火源的作用下，因受热或自身发热并蓄热所产生的自燃燃烧，称为自燃。即物质在无外界引火源条件下，由于其本身内部所发生的生物、物理或化学变化而产生热量并积蓄，使温度不断上升，自己燃烧起来的现象。自燃点是指可燃物发生自燃的最低温度。

（1）化学自燃。例如金属钠在空气中自燃；煤因堆积过高而自燃等。这类着火现象通常不需要外界加热，而是在常温下依据自身的化学反应发生的，因此习惯上称为化学自燃。

（2）热自燃。如果将可燃物和氧化剂的混合物预先均匀地加热，随着温度的升高，当混合物加热到某一温度时便会自动着火（这时着火发生在混合物的整个容积中），这种着火方式习惯上称为热自燃。

4. 爆炸

物质由一种状态迅速转变成另一种状态，并在瞬间放出大量能量产生高温，并放出大量气体，同时产生声响。由于物质急剧氧化或分解反应产生温度、压力增加或两者同时增加的现象，称为爆炸。爆炸最重要的一个特征是爆炸点周围发生剧烈的压力突变，这种压力突变就是爆炸产生破坏作用的原因。

按物质产生爆炸的原因和性质分类，通常可将爆炸分为三类：物理爆炸、化学爆炸和核爆炸。物理爆炸和化学爆炸最为常见。

（1）物理爆炸：主要是由于气体或蒸气迅速膨胀，压力急剧增加，并大大超过容器所能承受的极限压力而造成容器爆裂。例如气体钢瓶、液化气瓶和锅炉等爆炸就是物理爆炸。

（2）化学爆炸：就是爆炸性物质本身发生了化学变化，产生出大量的气体和很高的温度而形成的爆炸。

（二）闪点、燃点、自燃点的概念

气体、液体、固体物质的燃烧各有特点，通常根据不同燃烧类型，用不同的燃烧性能参数来分别衡量气体、液体、固体可燃物的燃烧特性。

1. 闪点

（1）闪点的定义

在规定的试验条件下，液体挥发的蒸气与空气形成的混合物，遇引火源能够闪燃的液体最低温度（采用闭杯法测定），称为闪点。

（2）闪点的意义

闪点是可燃性液体性质的主要标志之一，是衡量液体火灾危险性大小的重要参数。闪点越低，火灾危险性越大，反之则越小。闪点与可燃性液体的饱和蒸汽压有关，饱和蒸汽压越高，闪点越低。在一定条件下，当液体的温度高于其闪点时，液体随时有可能被引燃或发生自燃；若液体的温度低于闪点，则液体是不会发生闪燃的，更不会着火。常见的几种易燃或可燃液体的闪点见表 14-1。

表 14-1　常见的几种易燃或可燃液体的闪点

名称	闪点/℃	名称	闪点/℃
汽油	−50～−20	酒精	12
煤油	28	甲醇	11
柴油	55	丙酮	−18
原油	−6～32	乙醛	−38
液化石油气	−60 以下	松节油	35

（3）闪点在消防上的应用

闪点是判断液体火灾危险性大小及对可燃性液体进行分类的主要依据。可燃性液体的闪点越低，其火灾危险性越大。例如，汽油的闪点为－50 ℃，煤油的闪点为38～74 ℃，显然汽油的火灾危险性要比煤油的大。根据闪点的高低，可以确定生产、加工、储存可燃性液体场所的火灾危险性类别：闪点＜28 ℃的为甲类；28 ℃≤闪点＜60 ℃的为乙类；闪点≥60 ℃的为丙类。

2. 燃点

（1）燃点的定义

在规定的试验条件下，应用外部热源使物质表面起火并持续燃烧一定时间所需的最低温度，称为燃点。

（2）常见可燃物的燃点

在一定条件下，物质的燃点越低，越易着火。常见可燃物的燃点见表14-2。

表 14-2 几种常见可燃物的燃点

物质名称	燃点/℃	物质名称	燃点/℃
蜡烛	190	棉花	150
松香	480～500	布匹	270～300
橡胶	120	木材	250～300
纸张	130～255.5	豆油	220

（3）燃点与闪点的关系

易燃液体的燃点一般高出其闪点1～5 ℃，并且闪点越低，这一差值越小，特别是在敞开的容器中很难将闪点和燃点区分开来。因此，评定这类液体火灾危险性大小时，一般用闪点。固体的火灾危险性大小一般用燃点来衡量。

3. 自燃点

（1）自燃点的定义

在规定的条件下，可燃物质发生自燃的最低温度，称为自燃点。在这一温度时，物质与空气（氧气）接触，不需要明火的作用，就能发生燃烧。

（2）常见可燃物的自燃点

自燃点是衡量可燃物质受热升温导致自燃危险的依据。可燃物的自燃点越低，发生自燃的危险性就越大。海上石油设施上常见可燃物质的自燃点见表14-3。

表 14-3 海上石油设施上常见可燃物质的自燃点

物质名称	自燃点/℃	物质名称	自燃点/℃
柴油	350～380	油田伴生气	650～750
汽油	255～530	干性天然气	500～700
煤油	240～290	木材	400～500
乙炔	305	乙醇	423

（3）影响自燃点变化的规律

不同的可燃物有不同的自燃点，同一种可燃物在不同的条件下自燃点也会发生变化。可燃物的自燃点越低，发生火灾的危险性就越大。

对于液体、气体可燃物，其自燃点受压力、氧浓度、催化、容器的材质和表面积与体积比等因素的影响。而固体可燃物的自燃点，则受受热熔融、挥发物的数量、固体的颗粒度、受热时间等因素的影响。

三、燃烧方式及其特点

（一）气体燃烧

可燃气体的燃烧不需像固体、液体那样经熔化、蒸发过程，其所需热量仅用于氧化和分解，或将气体加热到燃点，因此容易燃烧且燃烧速度快。根据燃烧前可燃气体与氧混合状况不同，其燃烧方式可分为扩散燃烧和预混燃烧。

1. 扩散燃烧

扩散燃烧即可燃性气体和蒸气分子与气体氧化剂互相扩散，边混合边燃烧。在扩散燃烧中，化学反应速度要比气体混合扩散速度快得多。整个燃烧速度的快慢由物理混合速度决定。气体（蒸气）扩散多少，就烧掉多少。人们在生产、生活中的用火（如燃气做饭、点气照明、烧气焊等）均属这种形式的燃烧。

扩散燃烧的特点：燃烧比较稳定，扩散火焰不运动，可燃气体与气体氧化剂的混合在可燃气体喷口进行。对稳定的扩散燃烧，只要控制得好，就不至于造成火灾，一旦发生火灾也较易扑救。

2. 预混燃烧

预混燃烧又称爆炸式燃烧。它是指可燃气体、蒸气或粉尘预先同空气（或氧）混合，遇引火源产生带有冲击力的燃烧。预混燃烧一定发生在封闭体系中或在混合气体向周围扩散的速度远小于燃烧速度的敞开体系中，燃烧放热造成产物体积迅速膨胀，压力升高，压力可达 709.1～810.4 kPa。通常的爆炸反应即属此种。

预混燃烧的特点：燃烧反应快，温度高，火焰传播速度快，反应的混合气体不扩散，在可燃混合气中引入一火源即产生一个火焰中心，成为热量与化学活性粒子集中源。如果预混气体从管口喷出发生动力燃烧，若流速大于燃烧速度，则在管中形成稳定的燃烧火焰，由于燃烧充分，燃烧速度快，燃烧区呈高温白炽状，如汽灯的燃烧既是如此；若可燃混合气在管口流速小于燃烧速度，则会发生"回火"，如制气系统检查前不进行置换就烧焊，燃气系统开车前不进行吹扫就点火，用气系统产生负压"回火"或者漏气未被发现而用火时，往往形成动力燃烧，有可能造成设备损坏和人员伤亡。

（二）液体燃烧

易燃、可燃液体在燃烧过程中，并不是液体本身在燃烧，而是液体受热时蒸发出来的液体蒸气被分解、氧化达到燃点而燃烧，即蒸发燃烧。因此，液体能否发生燃烧、燃烧速率高低，与液体的蒸汽压、闪点、沸点和蒸发速率等性质密切相关。可燃液体会产生闪燃的现象。

可燃液态烃类燃烧时，通常产生橘色火焰并散发浓密的黑色烟云。醇类燃烧时，通常产生透明的蓝色火焰，几乎不产生烟雾。某些醚类燃烧时，液体表面伴有明显的沸腾状，这类物质的火灾较难扑灭。在含有水分、黏度较大的重质石油产品，如原油、重油、沥青油等发生燃烧时有可能产生沸溢现象和喷溅现象。

1. 沸溢

以原油为例，其黏度比较大，并且都含有一定水分，以乳化水和水垫两种形式存在。所谓乳化水是指原油在开采运输过程中，原油中的水由于强力搅拌成细小的水珠悬浮在油中而成的。放置久了油水分离，水因密度大而沉降在底部形成水垫。

燃烧过程中，这些沸程较宽的重质油品产生热波，在热波向液体深层运动时，由于温度远高于水的沸点，因而热波会使油品中的乳化水汽化，大量的蒸汽就要穿过油层向液面上浮，在向上移动过程中形成油包汽的气泡，即油的一部分形成了含有大量蒸汽气泡的泡沫。这样，必然使液体体积膨胀，向外溢出，同时部分未形成泡沫的油品也被下面的蒸汽膨胀力抛出，使液面猛烈沸腾起来，就像"跑锅"一样，这种现象称为沸溢。

从沸溢过程说明，沸溢形成必须具备以下 3 个条件：

（1）原油具有形成热波的特性，即沸程宽，密度相差较大。

（2）原油中含有乳化水，水遇热波变成蒸汽。

（3）原油黏度较大，使水蒸气不容易从下向上穿过油层。

2. 喷溅

在重质油品燃烧进行的过程中，随着热波温度的逐渐升高，热波向下传播的距离也加大，当热波达到水垫时，水垫的水大量蒸发，蒸汽体积迅速膨胀，以至把水垫上面的液体层抛向空中，向外喷射，这种现象称为喷溅。

一般情况下，发生沸溢比发生喷溅的时间要早得多。发生沸溢的时间与原油的种类、水分含量有关。根据实验，含有 1% 水分的石油，经 45～60 min 燃烧就会发生沸溢。喷溅发生的时间与油层厚度、热波移动速度及油的线燃烧速度有关。

（三）固体燃烧

根据各类可燃固体的燃烧方式和燃烧特性，固体燃烧的形式大致可分为 5种，其燃烧各有特点。

1. 蒸发燃烧

硫、磷、钾、钠、蜡烛、松香、沥青等可燃固体，在受到火源加热时，先熔融蒸发，随后蒸气与氧气发生燃烧反应，这种形式的燃烧一般称为蒸发燃烧。樟脑、萘等易升华物质，在燃烧时不经过熔融过程，但其燃烧现象也可看作一种蒸发燃烧。

2. 表面燃烧

可燃固体（如木炭、焦炭、铁、铜等）的燃烧反应是在其表面由氧和物质作用直接发生的，称为表面燃烧。这是一种无火焰的燃烧，有时又称为异相燃烧。

3. 分解燃烧

可燃固体，如木材、煤、合成塑料、钙塑材料等，在受到火源加热时，先发生分解，随后分解出的可燃挥发分与氧发生燃烧反应，这种形式的燃烧一般称为分解燃烧。

4. 熏烟燃烧（阴燃）

可燃固体在空气不流通、加热温度低、分解出的可燃挥发分较少或逸散较快、含水分较多等条件下，往往发生只冒烟而无火焰的燃烧现象，这就是熏烟燃烧，又称阴燃。

5. 动力燃烧（爆炸）

动力燃烧是指可燃固体或其分解析出的可燃挥发分遇火源所发生的爆炸式燃烧，主要包括可燃粉尘爆炸、炸药爆炸、轰燃等几种情形。其中，轰燃是指可燃固体由于受热分解或不完全燃烧析出可燃气体，当其以适当比例与空气混合后再遇火源时，发生的爆炸式预混燃烧。例如，能析出一氧化碳的赛璐珞、能析出氰化氢的聚氨酯等，在大量堆积燃烧时，常会产生轰燃现象。

这里需要指出的是，上述各种燃烧形式的划分不是绝对的，有些可燃固体的燃烧往往包含两种或两种以上的形式。例如，在适当的外界条件下，木材、棉、麻、纸张等的燃烧会明显地存在分解燃烧、熏烟燃烧、表面燃烧等形式。

第二节　火灾的分类及灭火的方法

火灾的基础知识主要包括火灾的定义、分类，火灾发生的常见原因，灭火的基本原理与方法等内容。

一、火灾分类

火灾是灾害的一种，导致火灾的发生既有自然因素，又有许多人为因素。掌握火灾的定义、分类及其危害特性，是了解火灾规律、研究如何防范火灾的基础。

（一）火灾的定义

根据国家标准《消防基本术语　第一部分》（GB 5907—1986），火灾是指在时间或空间上失去控制的燃烧所造成的灾害。

（二）火灾的分类

按照燃烧对象的性质分类，国家标准《火灾分类》（GB/T 4968—2008）的规定，火灾分为 A、B、C、D、E、F 六类。

1.A 类：固体物质火灾

固体物质着火称为 A 类火灾。常见的 A 类着火物质可分为三大组：

（1）木材和木制物；

（2）纺织品和纤维；

（3）塑料和橡胶。

这类火灾的燃烧特点是不仅在物体表面燃烧，而且能深入内部，常常会死灰复燃。对 A 类火灾可用水、泡沫、干粉等灭火剂扑救，最佳灭火剂是用水，因为水不但具有冷却作用，还能起到渗透的效果。但要注意水可能会对船上货物造成损失和引起船舶稳性不足。

2.B 类：液体或可熔化的固体物质火灾

可燃液体和可熔化的固体物质着火称为 B 类火灾。如汽油、原油、油漆、酒精、沥青火灾等。

燃烧特点是表面液体蒸发燃烧，燃烧速度快，易扩散蔓延，易引起爆炸。对可燃液体发生的火灾，通常使用泡沫灭火剂具有较好的灭火效果，另外，可用二氧化碳、干粉、七氟丙烷（FM200）灭火剂扑救。如果可能，必须尽快关阀断源。

3.C 类：气体火灾

指可燃气体火灾。如液化石油气、天然气及各种可燃性气体所引起的火灾。

这类火灾的燃烧特点是火焰温度高，速度快，爆炸危险性大。对 C 类火灾，通常使用水、干粉、七氟丙烷灭火剂扑救。如果可能，必须尽快关阀断源，冷却降温。扑灭这种类型火注意它会释放出高温辐射，严重危害消防队员。此外，在火被扑灭之后，仍有不断跑气而造成失火和爆炸的危险，化学干粉和喷雾水可有效抵挡气体失火所放出的热辐射。

4.D 类：金属火灾

可燃金属引起的火灾称为 D 类火灾。如钾、钠、镁、锂等所引起的火灾。这类火灾的特点是燃烧温度极高，不能用水扑救。对此类火灾必须使用专用灭火剂进行扑救，如特种石墨干粉、7150 灭火剂或沙土。

5.E 类：带电火灾（物体带电燃烧的火灾）

电气火灾是指所有通电设备发生的火灾，如电机、电器设备等着火。此类火并不具体划分为哪一类。其灭火的原则是，首先切断电源，然后用七氟丙烷（FM200）、二氧化碳和干粉等灭火剂扑救。如无法断电，则应采用不导电的灭火剂如七氟丙烷（FM200）、二氧化碳和干粉灭火剂进行扑救并保持相应距离。对电子设备及宝贵的电器设备最好用七氟丙烷或二氧化碳灭火剂扑救。

6.F类：烹饪器具内的烹饪物（如动植物油脂）火灾

这类火灾通常发生在家庭或者饭店，如在锅等常压烹饪器具发生，则立即由锅盖扑灭。如引起大面积火灾，则用泡沫灭火器扑灭。

（三）火灾蔓延

火灾在发生的整个过程伴随着热传播。热传播有 3 种途径，即热传导、热对流和热辐射。

1. 热传导

热量通过相互接触的物质从温度高的一方传给温度低的一方的现象叫作热传导。影响热传导的主要因素有温度差、导热系数和导热物体的厚度及截面积。固体物质导热性最好，液体次之，气体较差。

2. 热对流

热量通过流动的介质将热量由空间的一处传播到另一处的现象叫作热对流。热对流的方向是热流体向上、冷流体向下，因而火焰总是向上扩散燃烧。影响热对流的主要因素是温度差、通风孔洞面积、高度等。热对流是热传播的主要方式，是影响早期火灾发展的最主要的因素。如温度差越大热对流越快，通风孔洞面积越大，热对流越快。

3. 热辐射

以电磁波的形式传递热量的现象叫作热辐射。热辐射的主要特点是，任何物质（固体、液体、气体）都能把热量以电磁波的形式辐射出去，也能吸收别的物质辐射出来的热量。同时，热辐射不需要任何介质，通过真空也能辐射。热辐射的热量和火焰温度的四次方成正比。因此，当燃烧处于发展阶段时，热辐射成为热传播的主要形式。

二、火灾原因及预防措施

要防止火灾爆炸事故的发生，就必须根据物质燃烧和爆炸的原理，采取各种有效的安全技术措施，预防、控制和消除燃爆条件。在海洋石油作业过程中引起火灾的原因和预防措施主要有以下几个方面。

1. 明火或暗火引起的火灾

明火，是指有火焰的火，如生活上炊事用火、人们吸烟火柴、打火机或其他点燃的明火。暗火，是指阴燃而没有火焰的燃烧。如烟头、炭火星等。此类火灾多属于炊事用火操作不慎，管理不严，安全意识淡薄，人们粗心大意随便丢弃划着的火柴、烟头及其他火种，醉酒后吸烟或躺在床上吸烟致床上用品着火等。

预防方法：严格海上石油作业中的管理，对人员进行安全教育，不要随便乱丢烟头、火柴。设置专用吸烟室，厨房炊事用火要严格操作规程，加强管理，人员离开时，要关好开关，熄灭火种。

2. 热表面引起的火灾

各种油品、溶剂溅落在蒸汽管、内燃机排烟管、锅炉外壳上以及电热器具靠近可燃物等引起的火灾。

预防方法：高温表面要加强防护，凡电热器具等热表面的工具，切勿接触可燃物。往油箱、油柜加油时，要防止溢漏，注意动力设备回转部位的润滑，防止摩擦生热，引起火灾。

3. 火星引起的火灾

火星具有较高的温度，可以引燃可燃物，还会引起石油气体或其他可燃气体的爆炸。火星有烟囱里飞出的、物质撞击摩擦产生的和气割电焊作业时产生的等。

预防方法：要确保内燃机、锅炉的燃烧正常并经常观察排烟的颜色和有无火星出现。物质之间防止摩擦和撞击而产生火星，炊事用火要保证炉灶燃烧的正常并定期清扫烟囱。

4. 电气设备引起的火灾

电气原因引起的火灾在我国火灾中居于首位。有关资料显示，2012 年，全国因电气引起的火灾占火灾总数的 32.2%。电气火灾比较常见，其主要原因有随意加大电网负荷、电气设备过负荷、电气线路接头接触不良、电气线路短路、电气设备设计安装错误、电线残旧日久失修、乱拉乱接电器、导线连接不紧、虚松不实等，这些是电气火灾的直接原因。其间接原因是电气设备故障或电气设备设置和使用不当所造成的，如将功率较大的灯泡安装在木板、纸等可燃物附近，将荧光灯的镇流器安装在可燃基座上，以及用纸或布做灯罩紧贴在灯泡表面，在易燃易爆的车间内使用非防爆型的电动机、灯具、开关等。

预防方法：严禁随意增加电网负荷（增加用电器具或设备），绝缘性能降低的残旧破损电线应及时更换。电线与电线、电线与开关、保险丝连接处，应接紧接牢防止松动，以免产生过大接触电阻。严禁用铜铁丝代替保险丝，确保线路过载时能立即切断电源，防止事故。

5. 自燃火灾

浸过或粘有油脂的棉纱、破布、木屑、棉麻等物，存放在闷热、通风不良的地方或火源附近，便可引起自燃火灾。此外，某些性质相互抵触的化学物品装配不当而发生自燃等。

预防方法：凡浸过或粘有油脂的破布、棉纱、木屑、棉麻以及黄磷、金属钠等物切勿接近火源（热源），存放处所应保持阴凉和良好的通风，防止受热、蓄热自燃。相互抵触的化学物品应妥善管理，加强防范，严格规章制度，杜绝自燃火灾。

6. 静电引起的火灾

静电产生的途径主要是通过物质的相互摩擦和感应而产生的。它发展到危险状态要经历 3 个基本过程：第一，电荷分离；第二，电荷储集；第三，火花放电。静电火花引起火灾和爆炸的条件可归纳为以下四点：

（1）有产生静电的来源；

（2）静电得以积累，并达到足以引起放电火花的静电电压；

（3）静电火花能量达到爆炸介质的最小引爆能量；

（4）静电放电火花周围有爆炸介质存在。

从静电火花引起火灾和爆炸的条件可以看出，防止和消除静电的根本措施应从控制静电的产生和积累、防止爆炸介质的形成和存在等方面入手。

7. 生产作业不慎

生产作业不慎主要是指违反生产安全制度引起火灾。例如：在易燃易爆的车间内动用明火，引起爆炸起火；将性质相抵触的物品混存在一起，引起燃烧爆炸；在用气焊焊接和切割时，飞进出的大量火星和熔渣，因未采取有效的防火措施，引燃周围可燃物；在机器运转过程中，不按时加润滑油，或没有清除附在机器轴承上面的杂质、废物，使机器该部位摩擦发热，引起附着物起火；化工生产设备失修，出现可燃气体，以及易燃、可燃液体跑、冒、滴、漏现象，遇到明火燃烧或爆炸等。2012 年全国因生产作业不慎引发的火灾占总数的 4.1%。

三、灭火方法

1. 隔离法

如果不存在可燃物质，火肯定燃烧不起来。隔离法就是将可燃物与燃烧物体隔离、停止燃料供给、使燃烧终止的方法。如迅速将燃烧物转移到安全地点或投入海中，或移走或隔离火场附近的易燃、易爆物质，或关闭可燃气体或可燃液体的阀门等，都是采取隔离方法进行的灭火措施。

采取隔离灭火法的具体措施有：将火源附近的可燃、易燃、易爆和助燃物质，从燃烧区内转移到安全地点；关闭阀门，阻止气体、液体流入燃烧区；排出生产装置、设备容器内的可燃气体或液体；设法阻拦流散的易燃、可燃液体或扩散的可燃气体；拆除与火源相毗连的易燃建筑结构，造成防止火势蔓延的空间地带；用水流封闭或用爆炸等方法扑救油气井喷火灾；采用泥土、黄沙筑堤等方法，阻止流淌的可燃液体流向燃烧点。

2. 窒息法

窒息法是将燃烧物与空气隔绝，或采用适当措施停止或减少空气中的氧气供给，使火因缺氧而熄灭的灭火方法。如用泡沫覆盖燃烧液体的表面；用难燃、不燃的物质直接覆盖燃烧物表面；向燃烧的舱室、容器灌入惰性气体及二氧化碳；关闭通向火场的门窗及通风口等都属于窒息法。

在火场上运用窒息方法扑灭火灾时，可采用防火毯、浸湿的棉被、湿帆布等不燃或难燃材料，覆盖燃烧物或封闭孔洞；用水蒸气、惰性气体（如二氧化碳、氮气等）充入燃烧区域内；利用建筑物上原有的门、窗以及生产设备上的部件，封闭燃烧区，阻止新鲜空气进入。此外，在无法采取其他扑救方法而条件又允许的情况下，可采用水或泡沫淹没（灌注）的方法进行扑救。

采取窒息灭火的方法扑救火灾，必须注意以下几个问题：

（1）燃烧的部位较小，容易堵塞封闭，在燃烧区域内没有氧化剂时，才能采用这种方法。

（2）采取用水淹没（灌注）方法灭火时，必须考虑到火场物质被水浸泡后能否产生不良后果。

（3）采取窒息方法灭火后，必须在确认火已熄灭时，方可打开孔洞进行检查。严防因过早地打开封闭的房间或生产装置的设备孔洞等，而使新鲜空气流入，造成复燃或爆炸。

（4）采取惰性气体灭火时，一定要将大量的惰性气体充入燃烧区，以迅速降低空气中氧的含量，窒息灭火。

3. 冷却法

冷却法是将燃烧物的温度降低，使燃烧温度低于燃烧物质的着火点温度，火因失去热量而熄灭的灭火方法。如用水、二氧化碳等直接喷洒在燃烧物上来降温灭火；又可用水对火源附近的可燃物进行喷射降低温度，阻止火灾的蔓延。在火场上，除用冷却法直接扑灭火灾外，在必要的情况下，可用水冷却尚未燃烧的物质，防止达到燃点而起火。还可用水冷却建筑构件、生产装置或容器设备等，以防止它们受热结构变形，扩大灾害损失。

4. 抑制法（又称化学中断法）

抑制法就是使用化学灭火剂渗入燃烧反应中去，使助燃的游离基消失，或产生稳定的或活动性很低的游离基，使燃烧反应终止的灭火方法。目前，常用的化学中断灭火剂有七氟丙烷和干粉灭火剂。化学中断法虽然能迅速、高效地扑灭火灾，但必须提防死火复燃的危险。

采用哪种灭火方法实施灭火，应根据燃烧物质的性质、燃烧特点和火场的具体情况，以及消防技术装备的性能进行选择。有些火灾，往往需要同时使用几种灭火方法。这就要注意掌握灭火时机，搞好协同配合，充分发挥各种灭火剂的效能，迅速有效地扑灭火灾。

第三节　火灾自动探测与报警系统

一、火灾自动报警系统

火灾自动报警系统包括探测、报警、联动、灭火、减灾等功能。火灾自动报警系统主要完成探测和报警功能，控制和联动等功能主要由联动控制系统来完成。

火灾自动报警系统是由触发装置、报警装置、警报装置和电源等部分组成的通报火灾发生的全套设备，如图 14-3 所示。

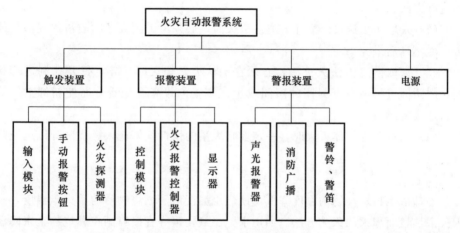

图 14-3　火灾自动报警系统组成

二、火灾探测器

物质在燃烧过程中，通常会产生烟雾，同时释放出称之为气溶胶的燃烧气体，它们与空气中的氧发生化学反应，形成含有大量红外线和紫外线的火焰，导致周围环境温度逐渐升高。这些烟雾、温度、火焰和燃烧气体称为火灾参量。

（一）感烟探测器

烟是指人的肉眼可见的燃烧生成物，是粒子直径为 $0.01 \sim 10.00~\mu m$ 的液体或固体微粒。烟雾具有很大的流动性，它能潜入建筑物的任何空间。由于烟雾具有毒性，它对人的生命具有特别大的威胁。据统计，火灾中约有 70% 的死者是由于燃烧气体或烟雾窒息造成的。由于绝大多数物质在燃烧的开始阶段首先产生烟雾，因此可以通过感烟探测器前期发现火灾，减少火灾损失。感烟火灾探测器是目前世界上应用较普遍、数量较多的探测器。

感烟火灾探测器适用场合如下：

（1）饭店、旅馆、教学楼、办公楼的厅堂、卧室、办公室等；

（2）计算机房、通信机房、电影或电视放映室等；

（3）楼道、走道、电梯机房等；

（4）书库、档案库等；

（5）有电气火灾危险的场所。

1. 点型感烟火灾探测器

点型感烟火灾探测器是对警戒范围中某一点周围的烟参数响应的火灾探测器，分为离子感烟火灾探测器（图 14-4）和光电感烟火灾探测器（图 14-5）两种。

图 14-4　离子感烟火灾探测器

图 14-5　光电感烟火灾探测器

离子感烟火灾探测器是核电子学与探测技术的结晶，应用烟雾粒子改变探测器中电离室原有电离电流的原理，从而发现火情。

离子感烟火灾探测器最显著的优点是它对黑烟的灵敏度非常高，特别是能对早期火警反应特别快从而备受青睐。但因其必须装设放射性元素，特别是在制造、运输以及弃置等方面对环境造成污染，威胁着人的安全，因此，这种产品在欧洲现已禁止使用，在我国也终将成为淘汰产品。

响应灵敏度是探测器响应烟粒子数浓度的相对敏感程度。在生成烟的相同条件下，高的感烟灵敏度意味着可对较低烟粒子浓度响应。感烟灵敏度档次是用标准烟（试验气溶胶）在烟箱中标定感烟探测器的几个不同的响应阈值的范围。通常，为了满足不同工作场所的使用需要，可把探测器做成 3 个感烟灵敏度档次。

光电感烟火灾探测器是利用烟雾粒子对光线产生散射、吸收原理的感烟火灾探测器。它有一个很大的缺点就是对黑烟灵敏度很低，对白烟灵敏度较高。因此，这种探测器适用于火情中所发出的烟为白烟的情况，但大部分的火情早期所发出的烟都是黑烟，所以极大地限制了这种探测器的适用范围。

2. 线型感烟火灾探测器（图 14-6）

目前生产和使用的线型感烟火灾探测器都是红外光束型的感烟火灾探测器，它是利用烟雾粒子吸收或散射红外线光束的原理对火灾进行监测。

图 14-6　线型感烟火灾探测器

这种探测器由发射器和接收器两部分组成。特点是具有保护面积大、安装位置较高、在相对湿度较高和强电场环境中反应迅速等优点。适宜保护较大的室内、室外场所，尤其适宜保护难以使用点型探测器的场所。

（二）感温探测器（图 14-7）

物质在燃烧过程中，释放出大量热，使环境温度升高，探测器中的热敏元件发生物理变化，将物理变化转变成的电信号传输给火灾报警控制器，经判别发出火灾警报信号。感温火灾探测器种类繁多，根据其感热效果和结构型式，可分为定温式、差温式和差定温组合式 3 种。

图 14-7　感温探测器

1. 定温火灾探测器

定温火灾探测器是在火灾现场的环境温度达到预定值及其以上时即能响应动作、发出火警信号的火灾探测器。这种探测器有较好的可靠性和稳定性，保养维修也方便，只是响应过程较长，灵敏度不高。根据工作原理的不同，定温火灾探测器又可分为双金属片定温探测器、热敏电阻定温探测器、低熔点合金探测器等。

2. 差温火灾探测器

差温火灾探测器是一种环境升温速率超过预定值即能响应的感温探测器。根据工作原理不同，可分为电子差温探测器、膜盒感温探测器等。

3. 差定温火灾探测器

差定温火灾探测器是一种既能响应预定温度报警又能响应预定温升速率报警

的火灾探测器。

（三）可燃气体火灾探测器

可燃气体包括天然气、煤气、烷、醇、醛等，当其在某场所的浓度超过一定值时，遇明火便会发生燃烧或爆炸。可燃气体探测器主要应用在有可燃气体存在或可能发生泄漏的易燃易爆场所。

安装可燃气体探测器时应注意以下几点：

1. 应按所监测的可燃气体的密度选择安装位置。监测密度大于空气的可燃气体（如石油液化气、汽油、丙烷等）时，探测器应安装在可能泄漏点的下部，距地面不应超过 0.5 m。监测密度小于空气的可燃气体（如天然气、一氧化碳、甲烷、乙烷、苯等）时，探测器应安装在可能泄漏处的上部或屋顶。

2. 对于经常有风速 0.5 m/s 以上气流存在、可燃气体无法滞留的场所，或经常有热气、水滴、油烟的场所，或环境温度经常超过 40 ℃ 的场所，不适宜安装可燃气体探测器。

3. 应至少每季度检查一次可燃气体探测器是否工作正常。例如，可用棉球蘸酒精去靠近探测器检测。

第十五章

扑灭火灾

第一节　灭火剂的分类及使用方法

一旦发生火灾，灭火剂是必不可少的，它可以通过冷却、窒息、隔离及化学抑制达到破坏燃烧条件、终止燃烧的目的。灭火剂的类型有水、泡沫、干粉、二氧化碳等，可以扑救各种不同类型的火灾。

一、水

1. 水的灭火作用

水是不燃液体，它在灭火中应用最广，是最为廉价的灭火剂。水灭火的作用原理有 4 个：一是冷却，1 kg 水的温度升高 1 ℃吸收 4.187 kJ 的热量，而 1 kg 水蒸气汽化时要吸收 2261 kJ 的热量；二是水对氧有稀释作用，水遇到炽热的燃烧物后汽化产生大量水蒸气，能够阻止空气进入燃烧区，同时稀释燃烧区中氧的含量，使燃烧区的氧逐渐减少而减弱燃烧强度；三是水的冲击作用，经消防水泵加压后输入到水枪喷射出来的水流压力可达上百米水柱的压力，具有很大的动能冲击力；四是水对水溶性可燃易燃液体的稀释作用，如酒精、醛等。

2. 不能用水扑救的场所

（1）与水反应能够产生可燃气体，如金属元素遇水生成氢气、电石遇水生成易燃的乙炔气，并放出大量的热，容易引起爆炸。

（2）非水溶性液体，如原油、石油等。

（3）带电设备及可燃粉尘。

（4）储存大量浓硫酸、浓硝酸的场所。

（5）银行票据库、文献库等资料库。

3. 水的灭火形态和应用范围

水的灭火形态有 3 种，即直流水、开花水和雾状水。其中直流水和开花水由消火栓所接水枪喷出的柱状或开花水枪喷出的滴状水流，主要用于扑救 A 类固体火灾，或闪点在 120 ℃以上、常温下呈半凝固状态的重油火灾，以及石油或天然气井喷火灾。

雾状水主要指水滴直径小于 100 μm 的水流，以雾状喷出可以获得比直流水或开花水大得多的面积，提高水与燃烧物的接触面积，有利于水对燃烧物的渗透，雾状水温升快，容易汽化，汽化后体积增大约 1700 倍，稀释了火焰附近的氧气浓度，窒息燃烧反应的同时，控制火源的热辐射。它的灭火效率高，水渍损失小。

二、泡沫灭火剂

1. 组成

凡能与水混溶并可通过化学反应或机械方法产生灭火泡沫的灭火药剂，称为泡沫灭火剂。泡沫灭火剂一般由发泡剂、泡沫稳定剂、降黏剂、抗冻剂、助溶剂、防腐剂及水组成。主要用于扑救非水溶性可燃液体及一般固体火灾。特殊的泡沫灭火剂还可以扑灭水溶性可燃液体火灾。

2. 分类

泡沫灭火剂可分为化学泡沫灭火剂和空气泡沫灭火剂。化学泡沫是通过硫酸铝和碳酸氢钠的水溶液发生化学反应产生的，泡沫中包含的气体为二氧化碳。空气泡沫是通过空气泡沫灭火剂的水溶液与空气在泡沫发生器中进行机械混合搅拌而生成的，所以空气泡沫又称为机械泡沫。

3. 灭火原理

泡沫灭火是由泡沫灭火剂的水溶液通过化学、物理的作用，填充大量的气体后形成无数的小气泡。气泡的相对密度范围为 $0.001\sim0.500$，远小于可燃液体的相对密度，可以覆盖在液体表面，形成泡沫覆盖层。

泡沫灭火的作用机理有：

（1）泡沫在物表面形成了泡沫覆盖层，可以使燃烧物表面与空气隔绝。

（2）泡沫层封闭了燃烧物表面，可以遮断火焰的热辐射，阻止燃烧物本身与附近可燃物的蒸发。

（3）泡沫析出的液体对燃烧表面进行冷却。

（4）泡沫受热蒸发产生的水蒸气可以降低燃烧物附近氧的浓度。

4. 常用空气泡沫灭火剂

空气泡沫灭火剂种类繁多，按泡沫的发泡倍数来分，低倍数泡沫灭火剂的发泡倍数一般在 20 倍以下，中、高倍数灭火剂的发泡倍数一般在 $20\sim1000$ 倍。根据发泡剂的类型和用途，低倍数空气泡沫灭火剂可分为蛋白泡沫、氟蛋白泡沫、水成膜泡沫、合成泡沫、抗溶性泡沫 5 种类型。中、高倍数泡沫属于合成泡沫的类型。

（1）蛋白泡沫灭火剂（P）

蛋白泡沫灭火剂是以动植物蛋白质或植物性蛋白质在碱性溶液中浓缩液为基料，加入适当的稳定剂、防腐剂和防冻剂等添加剂的起泡性液体。

主要用于扑救各种不溶于水的可燃易燃液体，如各种石油产品、油脂等火灾，亦可扑救木材、油罐火灾。为防止油罐火灾蔓延，常将泡沫喷入未着火的油罐、较长时间的封闭油面，防止附近着火油罐的辐射热引起燃烧。

（2）氟蛋白泡沫灭火剂（FP）

由于蛋白泡沫的流动性差，抵抗油类污染的能力低，灭火缓慢，不能以液下喷射方式扑救油罐火灾，且不能和干粉灭火剂联合使用。为了克服这些缺点，氟蛋白泡沫是在蛋白泡沫基料中加入了氟碳表面活性剂配制而成，其灭火效率远优于蛋白泡沫灭火剂。

适用范围：大型储罐散装仓库、输送中转装置、生产加工装置，油库码头的火灾及飞机火灾，与干粉灭火剂配合使用效果更好。

（3）水成膜泡沫灭火剂（AFFF）

水成膜泡沫灭火剂也称氟化学泡沫灭火剂或"轻水"泡沫灭火剂，是一种轻型高效泡沫灭火剂。

它由氟碳表面活性剂、碳氢表面活性剂和改进泡沫性能的添加剂（泡沫稳定剂、抗冻剂、助溶剂和增黏剂）及水组成。它具有剪切应力小、流动性小，泡沫喷射到油面上时，泡沫能迅速展开，并结合水膜的作用把火势迅速扑灭的优点。

适用于扑救石油类产品和贵重设备。可在油罐下部采用液下喷射方式灭火。

（4）合成（高倍数）泡沫灭火剂

高倍数泡沫灭火剂是一种以合成表面活性剂为基料的泡沫灭火剂，与水按一定的比例混合后，通过高倍数泡沫发生器可产生数百倍甚至上千倍的泡沫，因而称为高倍数泡沫。

按其配比和使用性能分为 YEGZ6A、YEGZ3A、YEGZ6B、YEGZ3B 四种规格，主要用于扑救非水溶性可燃易燃液体的火灾。如油罐漏淌到防火堤内的火灾或仓库、飞机库、地下室、地下通道、煤矿坑道的火灾。

（5）抗溶性泡沫灭火剂（AR）

前述的几种泡沫灭火剂都是用于非水溶性的液体火灾，而液体中水溶性火灾如醇、酯、醚、醛、酮等，这些火灾不能使用前述的几种泡沫灭火剂，如果施加到水溶性液体中，泡沫水很快就会消失溶解，而抗溶性泡沫就不会出现此类问题。它是在蛋白质水解液中加入有机酸金属络合盐，再加上相应的添加剂就制成抗溶性泡沫灭火剂。有机酸金属络合盐与水接触，析出不溶于水的有机酸金属皂。当产生泡沫时，析出的有机酸金属皂在泡沫上形成连续的固体薄膜。这层膜能有效防止水溶性有机溶剂吸收泡沫中的水分而保护泡沫，使泡沫能持久地覆盖在溶剂液面上，而起到灭火的作用。

适用范围：扑救水溶性可燃、易燃液体火灾。目前我国推广使用的抗溶性泡沫灭火剂有金属皂型、凝胶型两种。

三、干粉灭火剂

干粉灭火剂是一种细微的粉状灭火剂，一般借助于专用的灭火器或灭火设备中的气体压力，将干粉从容器中喷出，并以粉雾的形式灭火。

1. 分类

按充入灭火器的干粉灭火剂种类分为：碳氢酸钠干粉灭火器，亦称 BC 类干粉灭火器；磷酸铵盐干粉灭火器，亦称 ABC 干粉灭火器；以氯化钠、氯化钾、氯化钡、碳酸钠等为基料的干粉，用于扑救金属火灾。

2. 灭火原理

干粉灭火剂平时储存在干粉灭火器或干粉灭火设备中。灭火时靠加压气体二氧化碳（CO_2）或氮气（N_2）的压力将干粉从喷嘴射出，形成一股夹着加压气体的雾状粉流，射向燃烧物。干粉与火焰接触发生一系列物理化学反应，原理如下：

$$2NaHCO_3 = Na_2CO_3 + H_2O + CO_2$$

该反应是吸热反应，反应放出大量的二氧化碳和水，水受热变成水蒸气并吸收大量的热量，起到冷却、稀释可燃气体的作用；干粉进入火焰后，由于干粉的吸收和散射作用，减少火焰对燃料的热辐射，降低液体的蒸发速率。

3. 适用范围

干粉灭火剂大多装在灭火器中，主要用于扑救各种非水溶性和水溶性可燃易燃液体火灾，以及天然气和液化石油气等可燃气体的火灾，或一般带电设备的火灾。磷酸盐干粉灭火剂还可以扑灭固体火灾。磷酸盐干粉与氟蛋白泡沫或清水泡沫联用可有效扑灭非水溶性液体火灾。

4. 注意事项

（1）干粉灭火剂不能与蛋白泡沫和一般泡沫联用，因为干粉对蛋白泡沫和一般合成泡沫有较大的破坏作用。

（2）对于一些扩散性很强的气体如氢气、乙炔气体，干粉喷射后难以稀释整个空间的气体，对于精密仪器、仪表会留下残渣，不适合用干粉灭火剂。

四、CO_2 灭火剂

CO_2 本身不燃烧、不助燃、制造方便、易于液化，是一种天然的灭火剂。它对空气的相对密度为 1.5，通常用降温加压的方式将其液化，装于钢瓶中储存。

1. 灭火原理

CO_2 灭火剂以液态的形式加压充装在灭火器中，由于 CO_2 的平衡蒸汽压高，瓶阀一开，液体立即通过虹吸管、导管和喷嘴喷出，液态的 CO_2 迅速汽化，并从周围空气中吸收大量的热，对燃烧物有一定的冷却作用，然而这种作用远不足以扑灭火焰。它的灭火作用主要是增加空气中不燃烧、不助燃的成分，使空气中的氧气含量减少。实验证明，燃烧区域空气中氧气浓度 $\leqslant 12\%$，CO_2 的浓度在 $30\%\sim35\%$ 时，绝大多数的燃烧都会熄灭。

2. 应用范围

适用于扑救液体火灾和那些易受水、泡沫、干粉玷污而损坏的固体物质火灾。

五、七氟丙烷（FM200）

七氟丙烷灭火剂在火灾后无固、液相残留物，灭火效能高，设计灭火浓度低，喷射到防护区内后能立即闪蒸成气态，并在封闭空间内各向分布迅速均匀，可作全淹没灭火剂，属于可液化储存气体，不导电，不击穿电子电器设备，具有无色、无味、热稳定性和化学稳定性良好等性质，是一种清洁气体灭火剂。

早在七氟丙烷灭火剂诞生之前，哈龙 1211 和 1301 灭火剂由于具有不导电、挥发快、无残留物、灭火效率高、扑灭火灾类型较广等优势，自 20 世纪 80 年代以来在我国的灭火器和固定灭火系统上得到了广泛应用。但自科学家发现哈龙 1211 和 1301 灭火剂中含有的溴、氯元素会破坏大气中臭氧层以后，立即引起了国际社会的关注，并采取了相应的行动停止生产和逐步淘汰，同时研究新的替代技术。近十几年来，各国在寻找新的替代哈龙的气体灭火剂方面进行了卓有成效的努力。研究表明，哈龙替代技术多种多样，有的已经很成熟，有的还需要进一步研究。

目前，在灭火器中还没有可直接替代哈龙 1211 的灭火剂。在哈龙气体替代灭火技术中，七氟丙烷及其灭火系统是至今世界上主要的哈龙气体替代灭火剂和灭火系统。

第二节　灭火程序与基本原则

为了保障海上设施灭火行动有序进行，必须做好灭火的应变部署工作，使全体人员明确特定的岗位和职责，做到既有统一指挥，又有分工合作，将火灾迅速扑灭。对火灾进行扑救时，发布命令、具体动作的先后顺序和时间，必须遵照正确的程序进行，这样才能保证灭火的各项工作有条不紊地进行。

一、灭火的基本原则

1. 先控制，后消灭。灭火时只有控制住火势，不使其扩大蔓延，才能为快速扑灭火灾创造条件。

2. 先探明火情，后采取行动。不探明火情，就盲目采取灭火行动，是不会取得理想效果的。

3. 彻底扑灭余火。火灾扑灭后，必须仔细检查，消灭余烬，以防死灰复燃，必要时派专人看守火场。

4. 灭火没有希望时，应采取请求外界救援或弃海上设施的措施。

二、灭火程序

1. 发现者的行动

任何人员在发现火灾时，都要保持镇静并立即大声呼叫报警，迅速按下附近的手动火灾报警按钮发出警报。发现火灾时，不论火势多么小，除确有把握使用单个灭火器可将火迅速扑灭，否则在发出警报前，发现者不应试图先去灭火。发出报警后，若是着火点范围小，立即取用附近合适的灭火器材，针对火的类别进行施救，力争能控制火灾蔓延；若火势较大，个人没能力将火扑灭时，应尽可能坚守现场，监视火情发展，采取一切必要措施对火势进行有效控制，如关闭门窗及通风系统、切断电源、疏散易燃易爆物品、用水冷却火场周围舱壁和甲板等。如可能，发出警报时应说明起火的地点、火的种类和范围、已采取的措施和效果。

2. 中控的行动

中控在接到报警后，首先应用广播或警铃向全体人员发出消防警报，同时播报失火地点，关闭所能遥控的通往失火场所的所有通风系统。正确显示相应信号。在适当的时候将火灾发生的时间、地点、火的种类、发现者的姓名以及当时的情况等内容做好记录。

3. 全体人员的行动

（1）听到警报后，总指挥应立即到指挥位置，指挥灭火行动。所有人员（除值班人员之外）要按照消防应变部署表指派的任务，佩戴好个人的防护用品，携带消防器材，在规定时间内到达指定的集合地点，在现场指挥的指挥下展开扑救工作。

（2）扑救火灾应按照火灾的发生部位和火灾的性质，根据消防应变部署表的要求进行。消防过程中如发现有人员受伤或者被困，应立即向现场指挥报告，现场指挥则立即向总指挥报告，总指挥根据当时的具体情况下令调整原定部署，立即展开救助受困人员的行动，在任何情况下救助人命都是重中之重。

（3）在救火应变的过程中，全体人员必须团结一致，同舟共济，协同作战。要在思想上做好可能弃海上设施的准备。当救火转入弃海上设施时，人员应立即到达相应的应变岗位。

（4）在救火应变过程中，当火灾失控后，殃及机舱，焚毁救火动力、灭火管系，且火势蔓延至整个上层建筑时，总指挥应下达弃海上设施的命令。

（5）命令发出后，部署表内指定的人员应分别携带所分管的各项物品到达集合点。

4. 灭火后的行动

在确认火灾被完全扑灭后，应彻底检查整个火场及周围，不留任何火灾隐患，安排专人留守火场进行防复燃巡视。采取必要的通风换气、排烟、排水和降温等措施。规整消防器材和消防系统。认真总结经验和教训，认清自身的不足，积极整改并予以落实。

第三节　灭火器

火灾中常用的灭火器有泡沫、干粉、二氧化碳三种类型。灭火器的本体通常为红色，并印有灭火器的名称、型号、灭火类型及能力、灭火剂以及驱动气体的种类和数量，并以文字和图像说明灭火器的使用方法。

1. 组成

灭火器由筒体、器头、喷嘴等部件组成，借助于驱动压力可将充装的灭火剂喷出，达到灭火的目的。

2. 种类

按移动的方式分为手提式灭火器、推车式灭火器、背负式灭火器。按驱动灭火器的动力分为储气瓶灭火器、储压式灭火器、化学反应式灭火器。按所充装的灭火剂分为泡沫灭火器、干粉灭火器、二氧化碳灭火器、清水灭火器。

3. 灭火器的型号

（1）类、组、特征代号。由 3 个字母分别代表灭火器的类型、移动方式、开关方式。其中第一个 M 代表灭火剂；第二个字母代表灭火剂类型，如 F—干粉、T—CO_2、P—泡沫；第三个字母代表移动方式，如 T—推车式、Z—舟车式或鸭嘴式、B—背负式。

（2）主要参数。反映了充装灭火剂的容量和重量。

如：MF4 表示 4 kg 干粉灭火器，数字 4 代表内装灭火剂重量为 4 kg；MFT35 表示 35 kg 推车式干粉灭火器；MTZ 表示5 kg鸭嘴式二氧化碳灭火器。

一、空气泡沫灭火器

空气泡沫灭火器（图 15-1）又称机械泡沫灭火器。主要用于扑救油类火及部分液体初期火灾，也可用于扑救 A 类初期火灾。

1. 结构

由筒身、瓶胆、筒盖、提环等组成。

图 15-1　空气泡沫灭火器

2. 主要性能

容量：3～9 L；射程：4～6 m；有效喷射时间：15～40 s。

3. 使用方法

检查灭火器状态后提起灭火器迅速赶到火场，选择上风方向，拔出保险销，一手握住喷管前端、一手压下手柄，让喷管对准燃烧最猛烈处或液体容器内壁喷射，并逐渐向前移动，直至将火扑灭。

4. 注意事项

使用中保持直立，不能扑救电器和可燃金属火灾，扑救液体火灾不能直射液面。扑救水溶性液体火灾应采用抗溶性泡沫灭火器。

5. 维护保养

注意防冻、避免受潮和暴晒，定期检查和保养，一经开启则必须重新充装并试压。空气泡沫有效期为 5 年，一般 2 年后应每年送检 1 次。

二、干粉灭火器

干粉灭火器以高压 CO_2 或 N_2 作为驱动动力，其中储气式以 CO_2 作为驱动气体，储压式以 N_2 作为驱动气体。

1. 手提式干粉灭火器（图 15-2）

（1）结构

由筒体、瓶头开启装置和喷嘴等部件组成。

（2）规格和性能参数

手提式干粉灭火器有 2～10 kg 多种规格；有效喷射距离为 3～5 m；使用温度范围为 -10～55 ℃。

（3）使用方法

检查灭火器后，迅速提起灭火器赶到火场，将灭火器上下翻转几次，使筒内干粉松动。选择上风有利地形，拔出保险销，一手抓住喷管前端，一手按下压把，让喷管对准火焰根部左右横扫并快速向前推进，直至将火扑灭。

图 15-2 手提式
干粉灭火器

（4）注意事项

①使用干粉灭火器前应上下翻转几次，将粉筒内的干粉抖松；

②扑救油池火灾时，不要冲击油面，以防飞溅；

③喷嘴应对准火焰根部，来回摆动横扫火焰区，并由近及远向前推进；

④扑救室内火灾应防止窒息；

⑤对 A 类火灾要防止复燃，不宜扑救高精密电子仪器及贵重设备火灾。

（5）维护保养

①防潮、防暴晒，存放温度为 -22～55 ℃；

②每年将干粉抽查一次，防止干粉受潮结块；

③灭火器满 5 年或每次充装前应进行 1.5 倍设计压力水压试验，以后每 2 年进行 1 次，合格后方可继续使用。

2. 推车式干粉灭火器（图 15-3）

推车式干粉灭火器分为储压式和储气瓶式两种。它是由轮架、贮存干粉灭火剂的贮药罐、二氧化碳储气瓶、橡胶软管和喷枪等组成。

推车式干粉灭火器一般由两人操作。使用方法是当火灾发生时将灭火器迅速推到火灾现场附近，一人将灭火器放稳，然后拔出保险销，迅速打开开启机构或二氧化碳钢瓶；另一人则取下喷枪，迅速将橡胶软管展开，然后一手握住喷枪枪管，另一手打开喷枪控制阀，干粉便从喷嘴喷出。将喷嘴对准火焰根部左右横扫，并向前推进，直至将火扑灭。

图 15-3　推车式
干粉灭火器

推车式干粉灭火器的保养与手提式干粉灭火器基本相同，但推车式干粉灭火器的干粉贮罐每隔 3 年还需要进行 25 kg/cm² 的水压试验以确保安全。

三、二氧化碳灭火器

二氧化碳灭火器主要适用于扑救可燃液体、气体和电气设备的初期火灾。特别适用于扑救电子计算机、精密仪器、贵重设备及档案资料的初期火灾，扑救 A 类火灾时应防止复燃。

1. 手提式二氧化碳灭火器（图 15-4）

图 15-4　手提式二氧化碳灭火器

（1）结构

主要由钢瓶、瓶头阀和喷筒等组成。

（2）规格和性能参数

规格：2~7 kg；有效喷射距离：1.5~2.0 m。

（3）使用方法

检查灭火器后，手提灭火器到达火场，选择上风位置。拔下保险销，一手握住手柄，一手按下压把，让喷口对准火焰根部来回扫射，直至将火扑灭。

（4）注意事项

①使用灭火器时应保持直立；

②手不要靠近喷嘴，防止冻伤，轻拿轻放；

③扑救室内火灾时应防止窒息，在封闭的舱室施放二氧化碳，必须佩戴空气呼吸器以防自身窒息；

④扑救普通的非带电火灾一般距离为 1.5 m，扑救电气火灾不要靠得太近，喷射目标应该对着电气设备的火源；

⑤对气体火灾和室外火灾，灭火器效果较差，不能与水同时使用。

⑥二氧化碳灭火器一经使用后，即使没有用尽，也必须重新进行充装。

（5）维护保养

每 3 个月检查保养 1 次；每年称重 1 次，重量减少 10% 以上应维修或更换；环境温度不得超过 42 ℃，以免安全膜破裂；每 3 年对钢瓶进行 1 次水压检查，以确保安全。

2. 推车式二氧化碳灭火器（图 15-5）

推车式二氧化碳灭火器由轮架、二氧化碳气瓶、瓶头阀、喷管、控制阀等组成。

推车式二氧化碳灭火器一般由两人操作。使用时先将灭火器迅速推到火灾现场附近，一人将安全帽卸下，然后沿逆时针方向旋转手轮至最大位置，另一个人取下喷筒，迅速将软管展开，然后双手握

图 15-5　推车式二氧化碳灭火器

住喷筒根部手柄，将喷筒对准火焰根部左右横扫，并向前推进直至将火扑灭。

推车式二氧化碳灭火器使用注意事项及维护保养可参考手提式二氧化碳灭火器。

四、固定灭火系统

（一）消防水系统

消防水系统主要由消防泵、稳压泵、消防总管和环网、消防站等组成。主要

适用于扑救生活区火灾，对储油装置和工艺系统火灾进行冷却降温。

平台至少配备两台由不同动力驱动的消防泵。柴油机驱动的消防泵，应设就地驱动和遥控驱动装置。每台泵的压力应保证从任何两个口径为 19 mm 的水枪喷水时，相应消防栓能保持 0.35 MPa 的压力，若安装泡沫系统，则应使泡沫系统保持 0.7 MPa 的压力。

消防站：每层甲板应在较为安全的地点至少设置两个消防软管站，每一消防软管站应配备一条直径为 38 mm 或 50 mm、长度不小于 20 m 的消防软管。每一消防软管应配喷水、喷雾两用消防水枪，消防水枪的标准口径为 13 mm、16 mm、19 mm 三种。消防水枪、消防软管应存放在同一部位的专用消防箱内。

（二）自动喷水灭火系统

自动喷水灭火系统装置是一种发生火灾时能自动作用打开喷头喷水灭火，同时发出火警信号的消防给水设备，该装置多设于容易自燃而无人管理的仓库以及对消防要求较高的建筑物或个别房间。

按照喷头开闭的方式分为闭式自动喷水灭火系统和开式自动喷水灭火系统。

闭式自动喷水灭火系统包括湿式自动喷水灭火系统、干式自动喷水灭火系统、预作用式自动喷水灭火系统。

开式自动喷水灭火系统包括雨淋喷水灭火系统、水幕喷水灭火系统、水喷雾喷水灭火系统。

1. 湿式自动喷水灭火系统

管网中的管道内充满有压水，火灾发生时，当温度升高到喷头开启温度时，喷头的玻璃球爆裂或易熔合金的闭锁熔化脱落，水即从喷头喷出灭火，同时发出火警信号。适用于常年温度在 4～70 ℃的场所；该系统具有动作迅速的优点，但可能由于渗漏会造成一定损失。

湿式自动喷水灭火系统由水源（供水系统）、控制信号阀、火灾控制器、喷水管网、喷头、报警控制装置等组成。

2. 干式自动喷水灭火系统

干式自动喷水灭火系统是由湿式系统发展而来，平时管网内充满压缩空气，火灾发生时，温度上升到一定值时，闭锁脱落，气体喷出，管网压力降低，使压力水打开控制信号阀，压力水进入配水管网灭火。干式系统的动作要比湿式系统慢 50%。

3. 预作用式自动喷水灭火系统

预作用式自动喷水灭火系统是在干式系统的基础上演化而来的。适用于不允许有水渍损失或误动及寒冷环境的建筑。该系统包括火灾探测器系统和预作用阀，带压缩空气和氮气，其压力不宜大于 29 kPa，充气时宜先注入少量的清水封闭阀门；火灾时由火灾探测器两路不同探测信号自动开启预作用阀使管道充水，同时打开报警区域的排水阀，水泵启动宜在 2 min 内充满管道，由干式转为湿式自动系统。只有着火点温度达到开启闭式喷头时，才开始喷水灭火。

预作用式自动喷水灭火系统弥补了上述两种系统的缺点，适用于建筑装饰要求高、灭火要求及时的建筑物。其基本组成为水源、加压设施、稳压设施、压力气源、报警装置、管网及闭式喷头。

4. 雨淋喷水灭火系统

雨淋喷水灭火系统是一种喷头常开的灭火系统，也是自动喷水系统的一种，系统使用的喷头为开式喷头。发生火灾时，系统保护区域上的所有喷头喷水，形似"下雨降水"。

闭式喷水火灾系统在灭火时只有火焰直接影响到的喷头才被开启喷水，由于喷头开放的速度往往慢于火势的速度，因此往往不能控制火情。

雨淋喷水灭火系统克服了以上缺点，适用于大面积喷水快速灭火的特殊场所。雨淋阀之后的管道平时为空管，火灾时由火灾探测系统中两路不同的探测信号自动开启雨淋阀，由该雨淋阀控制的系统管道上的所有开式喷头同时喷水，达到灭火目的。

5. 水幕喷水灭火系统

水幕喷水灭火系统不直接用于灭火，而是用于防火隔断或进行防火分区及局部降温保护，多与防火卷帘配合使用。在有些大空间，既不能用防火墙，又无法做防火卷帘，只能用水幕系统来作防火分隔或防火分区。

6. 水喷雾喷水灭火系统

水喷雾喷水灭火系统用水喷雾头取代雨淋灭火系统中的干式洒水喷头，即可形成水喷雾灭火系统。它具有较好的冷却、窒息与电绝缘效果，灭火效率高，可扑灭液体火灾、电气设备火灾、石油加工厂，多用于变压器等。

（三）干粉灭火系统（图 15-6）

干粉灭火系统具有灭火效力高、速度快、无毒、不腐蚀、不导电、久储不变质等优点，能在 30 s 内将干粉灭火剂释放到保护场所，其释放装置有自动和手动两种方式，用于扑灭天然气、石油液化气等可燃气体或一般带电设备的火灾。

（四）泡沫灭火系统（图 15-7）

泡沫灭火系统主要由炮式喷射器、泡沫喷枪、泡沫比例混合器、控制阀和泡沫罐组成。主要使用于扑救油舱、油罐、机舱、直升机平台、FPSO 甲板等区域的火灾。

泡沫用于有大量碳氢化合物积聚的火灾区，它能在碳氢化合物的表面迅速扩散，并生成一层极薄的膜，覆盖在碳氢化合物的表面，以减少碳氢化合物的蒸发，断绝其与空气的接触，达到灭火的目的。保护区域内泡沫混合液量按一次灭火最大量确定，并执行相应的规范。

图 15-6　干粉灭火系统

图 15-7　泡沫灭火系统

　　被输送的压力水经管道流入泡沫液储罐，将罐内的泡沫液压出，泡沫液通过泡沫液管道进入压力比例混合器，在混合器中与水按规定比例形成混合液，混合液流出混合器，再通过混合液管道，被送入泡沫产生设备，喷射泡沫进行灭火。

　　（五）二氧化碳灭火系统（图 15-8）

　　二氧化碳灭火系统主要由自动报警系统、灭火剂储瓶、瓶头阀、启动阀、电磁阀、选择阀、单向阀、压力开关、框架、管道系统等设备组成。主要适用于扑救密闭舱室和油舱的火灾。

　　二氧化碳灭火系统可以通过控制系统来启动，也可以由控制盘及被保护房间外的手动按钮和瓶上的手动按柄启动。当被保护的区域发生了火灾，感烟或感温探测器最先捕捉到火警信息，输给报警控制设备，发出火灾报警信号及发送灭

图 15-8　二氧化碳灭火系统

火指令。灭火指令和火灾报警也可由人员发出。火灾指令下达至系统启动有一段延迟时间，一般设计为 30 s，这段时间供人员安全撤离。

　　二氧化碳灭火系统的空气调节系统供电与二氧化碳灭火系统连锁，当二氧化碳释放时，通风系统将关闭。

　　1. 自动控制

　　将报警灭火控制盘上的控制方式选择键拨到"自动"位置时，灭火系统处于自动控制状态，当保护区发生火情，火灾探测器发出火灾信号，报警灭火控制盘同时发出声、光报警信号，同时发出联动指令，关闭连锁设备，经过一段延迟时间，发出指令，打开电磁阀，释放启动气体，启动气体通过启动管道打开相应的选择阀和瓶头阀，释放灭火剂，实施灭火。

　　2. 电气手动控制

　　将报警灭火控制盘的控制方式选择键拨到"手动"位置时，灭火系统处于手

动控制状态，当保护区发生火灾，可按下控制盒或控制盘上启动按钮即可按规定程序启动灭火系统释放灭火剂，实施灭火。

3. 机械应急手动控制

当保护区发生火情，控制盘不能发出灭火指令时，应通知有关人员撤离现场，关闭联动设备，然后拔出相应电磁阀上的安全插销，压下手柄即可打开电磁阀，释放启动气体。启动气体打开选择阀、瓶头阀，释放灭火剂，实施灭火。如果此时遇上电磁阀维修或启动钢瓶充换启动气体无法正常工作，可打开相应的选择阀手柄，敞开压臂，打开选择阀，然后用瓶头阀的手动手柄打开瓶头阀，释放灭火剂，实施灭火。

当发出火灾警报，在延迟时间内发现有异常情况，不需要启动灭火系统来实施灭火时，按下手动控制盒或控制盘上的紧急停止按钮，即可阻止控制盘灭火指令的发出。

（六）七氟丙烷（FM200）灭火系统（图 15-9）

七氟丙烷灭火系统主要由储存装置、管网、高压软管、单向阀及喷头等组成。

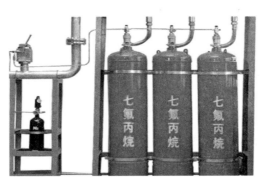

图 15-9　七氟丙烷灭火系统

根据《关于消耗臭氧层物质的蒙特利尔议定书》和《中国消耗臭氧层物质逐步淘汰的国家方案》，哈龙等卤代烷灭火系统已经被淘汰，七氟丙烷被认为是卤代烷灭火剂的较为理想的替代品。

七氟丙烷适用于控制室、电信通信设施、数据中心、高价值工业设备区、易燃液体储存区等场所。不适于扑救自身带有氧气补给的烟火类化学物质、活泼金属和金属氧化物火灾。

（七）新型灭火系统——细水雾系统

细水雾灭火系统是由一个或多个细水雾喷头、供水管网、分区控制阀、压力监控设备、加压供水设备及相关控制装置等组成，能在火灾发生时向保护对象或空间喷放细水雾并扑灭、抑制或控制火灾的自动灭火系统。系统根据喷头压力的不同可分为低压系统（1.21 MPa 以下）、中压系统（1.21～3.45 MPa）和高压系统（3.45 MPa 以上）。

通常情况下，中、低压系统由于雾化效果较差，水雾直径较大，更适合用于固体可燃物火灾，而高压系统多用于电气火灾、油类火灾。细水雾灭火系统灭火时不需要像气体灭火系统那样要求人员疏散后才能释放灭火，它可以在火灾初期立即喷射，实现自动灭火、控火的功能，具有灭火效率高、火场降温快、防止火灾复燃能力强、能够有效降低火场温度和净化烟气、改善卫生环境、有利于火灾现场人员疏散等特点，大大提高设备场所的综合防灾能力。

（八）直升机甲板消防设备

根据中国民用航空总局令第 67 号《民用直升机海上平台运行规定》的要求，在直升机甲板附近配备和存放有下列消防设施：

1. 总容量不少于 45 kg 的干粉灭火器；

2. 总容量不少于 18 kg 的二氧化碳灭火器或等效设备；

3. 对于有消防水供给设施的平台，在直升机甲板的两侧各设置一个消防软管站和泡沫两用炮式喷射器，以保证上述设备在任何情况下，足以喷射到直升机甲板的任何部位；

4. 一套固定式泡沫灭火系统，其能力按不少于 6 L/（min·m²），喷射的泡沫液时间至少为 5 min，其防护面积为以直升机总长为直径的圆面积。

第四节　消防防护装备

为了保证消防人员在火灾扑救过程中的生命安全，海上石油设施应按规范要求配备相应的消防装备。

（1）配备 4 套消防员装备，包括隔热防护服、消防靴、手套、头盔、正压式空气呼吸器、消防斧以及可以连续使用 3 h 的手提式安全灯。根据平台性质和工作人数，经发证检验机构同意，可以适当减少配备数量。

（2）滩海陆岸石油设施现场管理单位至少配备 2 套消防员装备，包括消防头盔、防护服、消防靴、安全灯、消防斧等，至少配备 3 套带气瓶的正压式空气呼吸器和可移动式消防泵 1 台。

（3）所有的消防设备都存放在易于取用的位置，并定期检查，始终保持完好状态。检查应当有检查记录标签。

一、消防员灭火防护服

消防员灭火防护服（图 15-10）是消防员在进行灭火战斗时穿着的专用服装，用来对其上下躯干、头颈、手臂、腿进行热防护，但防护服的防护范围不包括头部、手部和脚部。防护服防火、透气、隔热并且具有损毁长度不大于 100 mm，续燃时间不应大于 2 s 的阻燃性能。

一般为藏蓝色分体式，上衣采用双层可拆卸式样，裤子采用吊带式样。防护上衣和防护裤子多层面料之间的重叠部分大于 200 mm，衣领高度不小于 102 mm，并有搭接或扣牢配件。袖口设计在不妨碍防护服穿着的情况下有效保护消防员的手腕，防止燃烧碎片进入袖子中。另外在防护服的上衣和裤子上缝有宽度不小于 50 mm在 360°可见的反光标志带。

二、消防隔热服

消防隔热服（图 15-11）由铝箔阻燃耐高温材料精制而成，是消防队员扑救辐射热较强的石油火灾和气体火灾以及冶炼、玻璃、搪瓷、水泥、化工、热电等行业高温操作时的防护服，具有防辐射热效果好、质地柔软、重量轻、强度高以及防水等特点，全套服装由头罩、上衣、背带裤、手套、护脚等组成。

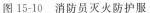

图 15-10　消防员灭火防护服　　　　图 15-11　消防隔热服

1. 技术性能

热辐射反射率：能反射 90％以上的辐射热。

耐高温性能：接近 300 ℃高温为 1 h 以上，500 ℃高温为 30 min，瞬间接近最高温度 800 ℃，也能在辐射热通量为 10 W/cm² （900～1000 ℃）的场所进行抢险作业。

隔热性能：在对人体很快造成二度烧伤的辐射热通量照射下，30 s 内织物背面温升不超过 4.5 ℃。

阻燃性能：损毁长度为 50 mm，续燃时间不大于 1 s，阴燃时间不大于 2 s。

撕破强力：经纬向大于 45 N。

断裂强力：大于 600 N。

耐折性能：屈绕 1 万次，表面无裂纹、无分层现象。

耐磨性能：经 A-100# 砂轮加压摩擦 150 次，铝箔不能磨穿。

湿度老化性能：经－30 ℃至 70 ℃置放 72 h，性能无明显变化。

抗渗水性能：大于 4000 Pa。

2. 使用方法

（1）消防隔热服虽然具有良好的阻燃性能，但不可能在所有条件下都能起到保护人的作用。在靠近火焰区作业时，必须佩戴呼吸器，应尽量避免使用服装与火焰或溶化的金属直接接触，在有化学和放射性伤害的条件下使用时必须配备相应的配件。

（2）消防隔热服在使用前要认真检查有无破损。

（3）进入作业现场必须配备完毕，穿戴齐全。要扣紧所有封闭部位，保证服装密封良好。

（4）进入作业现场的头罩可将原带钢盔同时保护在一起，使用时不需要将钢盔摘下，头罩两端的固定带使用时通过两腋下挂于头罩面三角环上。

3. 注意事项

使用后，要用刷蘸中性洗涤剂，刷洗表面残留污物，然后用清水冲洗干净，严禁用水浸泡和捶击。

成套的消防隔热服尽量挂装，避免多次折叠后损坏衣服，影响整体防护性能。

第五节　呼吸保护器

呼吸保护器是为消防员、救灾人员以及相关人员在有毒、有害气体、粉尘等环境中作业时必须佩戴的一种安全防护器具。

随着社会发展、科技进步，人们越来越重视呼吸保护器具的开发研究，各种新型的呼吸保护器具不断出现。一般情况下按其供气方式和使用环境可分为过滤式面具（防尘面具、防毒面具）、自给式呼吸器和供气管式呼吸器 3 种类型。

各种呼吸保护器的分类见表 15-1。

表 15-1　呼吸保护器的分类

呼吸保护器	过滤式面具	防尘面具
		防毒面具
	自给式呼吸器	氧气呼吸器
		空气呼吸器
	长管式呼吸器	大容量贮气瓶组带增压泵
		空气压缩机带小贮气瓶

各种呼吸保护器的使用是有条件的，在使用时必须根据不同的情况选择相应的呼吸保护器具，否则就起不到呼吸保护作用。

一、过滤式防毒面具

由于过滤式防毒面具（图 15-12）具有结构简单、重量轻、携带方便等优点，因而在生产、储存或使用已知品种的化工产品或军用毒气的很多场所应用较为广泛，但在消防作业中存在以下限制因素。

图 15-12　过滤式防毒面具

1. 不适用于严重缺氧的场所

为保证人体的正常呼吸，要求滤毒后的空气中的含氧量不得低于 18％。在长时间熏烧的火场中，尤其是在着火区的封闭空间内，因燃烧耗氧较多，燃烧产物（含烟气）和惰性气体的含量也较大，即使过滤性防毒面具的滤毒效果很好，但由于空气中缺氧，仍无法保证人体正常呼吸。

2. 不适用于烟毒浓度过高的场所

通常过滤式防毒面具只能用于有毒气体的浓度不大于 2％（体积）的场所，而火场中有毒气体的浓度往往超过 2％。因此，它不适用于烟毒浓度过高的场所。

3. 不适用于烟毒成分复杂的场所

过滤式防毒面具对有毒气体的选择性很强，按照国家产品标准的规定，滤毒罐（盒）有 7 种，一种罐只能滤除一种或几种有毒气体，对于现代工业与民用的各类建筑，其工艺设备、内部装修用品以及生产、使用或储存的各类可燃物种类繁多，一旦失火其燃烧产物也是多种多样的。在烟毒成分如此繁多的复杂火场之中，消防员根本没有时间去判定烟毒成分，更无法选择适用的滤毒罐。

消防实战中无法使用过滤式防毒面具，只能使用隔绝式呼吸保护器。

二、紧急逃生呼吸器

紧急逃生呼吸器（图 15-13）由面罩、供气气瓶和减压装置组成，具有操作简单、维护方便的优点，适于应急逃生使用。一般来说，气瓶内的气体可供人员使用 10 min 左右。

三、自给式空气呼吸器

自给式空气呼吸器（图 15-14）是目前使用最为广泛的呼吸保护器具，具有携带方便和独立使用性等特点，可以在任何恶劣环境中使用，是一种既舒适又安全的呼吸保护器。其中，正压式自给空气呼吸器由于可以防止外界环境中的气体进入面罩，被越来越多的人所接受。

图 15-13　紧急逃生呼吸器　　　　　　图 15-14　自给式空气呼吸器

（一）自给式空气呼吸器结构

一般都由气瓶、面罩、供气阀、减压器、背架几部分组成。

1. 复合气瓶

碳纤维复合材料气瓶是由铝合金内胆、外用碳纤维、玻璃纤维和环氧树脂层等高强度纤维制成。主要缠绕层为细丝碳纤维，外层采用玻璃纤维和环氧树脂层数层，以增加抗冲击及耐磨性。其容量有 4～12 L 等几种规格瓶，常用的为 6.8 L 瓶，理论供气时间为 50 min 左右，具有防火、防静电、耐高压的特性，其充装压力为 30 MPa，检验压力为 45 MPa，爆破压力为 75 MPa。使用寿命为 15 年，碳纤维复合材料气瓶的好处是爆炸只会出现裂缝，不会炸成碎块伤人。

使用期间应将气瓶阀完全打开，这样可以使系统的效率达到最高。当气瓶中的气体压力下降到 5±0.5 MPa 时，报警器会发出尖锐的报警声，这是一个非常重要的信号，它指示出气瓶内只剩下 5～8 min 的气量，使用者应该尽快撤离到安全地点。

2. 面罩

面罩是由天然橡胶和硅橡胶混合材料制成。台柱状的面窗由聚碳酸酯材料注塑而成，表面涂有一层硬质涂层，具有耐划刻、耐撞击和透光性良好等特点。宽紧带可调节面罩松紧，面窗两侧的双重传声器可使佩戴者有清晰的通话效果。为保证面罩的气密性，使用者应该在安全的环境中做一些试验，从而选择适合自己脸型的面罩。

3. 供气阀

供气阀组件安装在面罩上，向使用者提供压缩空气，当供气阀的流量高达 300 L/min 时，仍然可以保持大于环境压力，以满足使用者的需要。供气阀内有一个供气调节阀门，由膜片控制开启，可根据使用者对吸气量的需求把空气供给使用者。

4. 减压器

减压器安装于背架上，通过手轮与气瓶阀口相连。它的用途是保证供气阀能正常工作，为保证正压稳定，一般采用恒压式减压器。当减压器受某种因素影响导致中压升高时，中压安全阀自动打开，可确保中压导气管和供气阀处于正常工作状态。

5. 背架

背架包括背架体、肩带、腰带、腰垫4部分。它的作用是支撑气瓶组件和减压器组件。背架体按照人机工程学原理，采用适合人体背部和臀部生理特征的形状，使空气呼吸器的重量主要作用于使用者臀部，增强使用者肩部的活动能力，降低其疲劳程度。

（二）自给式空气呼吸器使用方法

1. 使用前的检查

为了确保使用者的安全，在每次使用呼吸器前，一定要对所使用的空气呼吸器进行仔细的检查。

（1）面罩的检查

①目视检查：面罩清洁，无划痕，无裂纹，橡胶收紧带无松动断裂，锁簧安全好用。

②面罩气密检查：将面罩与需求阀连接好（不打开空气瓶），将面罩与面部完全吻合，深吸气，面罩贴向面部为气密良好。

（2）气瓶压力的检查

打开气瓶阀，系统中的压力上升，能听到警报器发出的短暂声响（气瓶开足两圈以上），读取压力表。

（3）整体气密性的检查

打开气瓶阀，观察压力表，待压力表指针稳定后关闭气瓶阀，1 min 内压力下降应小于 0.5 MPa。

（4）检查报警器

用左手捂住需求阀出气口，用右手打开需求阀开关，然后慢慢松开左手掌放气，观察压力表，当压力降到 5.5 MPa 左右时（压力表的红色区域），报警器报警，声音为 90 dB。

（5）背架的检查

检查背板、肩带、腰带接头有无断裂和损坏。

（6）呼吸性能检查

将面罩与供气阀连接后，关闭供气阀，打开气瓶开关两圈以上，将面罩紧贴面部深吸气，供气阀自动打开，感觉呼吸顺畅，证明呼吸性能良好。

2. 空气呼吸器的佩戴

（1）双手反向抓起肩带，将装具甩到背后穿在身上，向下拉紧肩带。收紧腰带，扣上腰扣。

（2）完全打开瓶阀，然后回关 1/4 圈。

（3）将面罩由下而上套入头部，拉紧束带，由上至下调紧（不要太紧），手掌捂住面罩口，深呼吸，如感到无法呼吸，则说明密封良好，后将供气阀插入面罩口（听到咔嚓一声即可）。

注意事项：

（1）必须正确佩戴面罩，以确保有效的保护效果。蓄有虬髯胡须和戴眼镜等、面部有很深疤痕以至在佩戴时无法保证面罩气密性的人不得使用此呼吸保护装置。

（2）建议在装好供气阀后由他人检查一下是否正确连接。检查快速接口的两个按钮是否正确连接在面罩上。

（3）呼吸器使用过程中，随时注意观察压力表。当压力表显示气瓶压力低于 5 ± 0.5 MPa 时，报警器开始鸣叫，将持续至气瓶内的空气被完全排出耗尽。

3. 维护保养

（1）检查设备是否有机械损伤。

（2）每次使用后，设备上的部件应该用温水和中性清洁剂进行清洗。束带可以从背架上完全卸下进行洗涤消毒，洗涤时必须遵守清洗剂的浓度要求和使用时间限制。要求清洗剂不含任何腐蚀成分。

（3）在对呼吸保护装置消毒、清洗后所有装置必须在 $5\sim30$ ℃进行自然干燥，不要接触任何热辐射源，如阳光暴晒、火炉和任何加热装置等。

（4）在每次清洗、消毒后都必须重新检验其各项功能指标。

（5）将呼吸器储存在干燥低温的环境中，避免阳光直射。将气瓶充气、装箱以备下次使用。

第六节　海上石油设施火灾扑救

海上石油作业火灾的产生也是由初起、发展、猛烈、熄灭 4 个阶段组成的。然而，各个阶段发展的快慢，不但与燃烧物质的性质、数量、温度、风向等有关，而且与海上石油作业设施的结构、作业性质有密切关系。正是由于上述诸多因素的影响，使得火灾扑救工作更加复杂，所以应当引起海上石油作业人员的高度重视。

一、海上石油设施火灾特点

（1）油气共存，储量大，易燃易爆；

（2）热值高，传播速度快；

（3）海上石油设施面积小、结构复杂、舱多、通道狭窄，逃生困难；

（4）燃烧产物中有毒有害物质多，对人员生命造成直接威胁；

（5）燃烧类型广泛，很多情况下的火灾事故中，往往是爆炸、着火等多种燃烧类型同时出现，不便于控制与扑灭；

（6）火灾危害大，海上设施发生火灾事故时，着火和爆炸中产生的高温、冲击波、碎片会对人员生命和设施安全构成巨大威胁；

（7）扑救手段有限，人力物力有限，要求操作准确；

（8）距陆地较远，得不到迅速的消防援助。

二、火灾或爆炸应急处理方案

在石油勘探开发作业中，经常与易燃易爆物质接触，动火、振动、雷击或静电等都有可能引起火灾或爆炸。火灾或爆炸最有可能在意想不到的时候发生，而且火势很容易由小变大，因此对现场火灾的处理应时刻保持特别警惕。

火灾或爆炸发生时需要考虑的一些因素有：个人安全和其他人的营救；了解有自动灭火系统的区域；便携式灭火器的使用；固定式消防设备；紧急关断；火灾的控制等。

根据作业环境的不同，可分为海上和陆地终端两种火灾或爆炸应急处理程序。但是任何火灾或爆炸发生时，都应采取以下的基本步骤，立即进行现场施救：

（1）发现火灾或爆炸后立即拉响警报，同时用附近合适的消防设备灭火；

（2）立即向现场主要负责人报告事件的位置、类型和程度；

（3）宣布起火位置后，应立即组织全体人员根据不同火种，采取不同的灭火方式进行灭火；

（4）通知有关消防队或消防船、守护船立即到现场附近待命或实施救助；

（5）向应急办公室值班室汇报所有信息，并根据需要与地方当局协调行动。

（一）现场人员主要工作职责

1. 海上作业现场各岗位职责

（1）火灾或爆炸发现者

①发现火灾或爆炸后立即拉响警报，同时用附近合适的消防设备灭火；

②立即向现场主要负责人报告事件的位置、类型和程度。

（2）现场监督/油矿总监

平台监督/油矿总监是现场的甲方代表，现场全体人员的生命安全、井的安全和设备的安全都应负全责，在火灾或爆炸应急处理过程中担任应急小组组长职务。

①立即落实火灾或爆炸发生的位置、范围及类型并命令灭火；

②向应急办公室值班室报告现场情况；

③确保井的安全，必要时关井以减少火灾或爆炸的影响，采油平台要及时通知下游终端处理厂；

④确定并报告火灾或爆炸的原因，保护现场，等待专家调查；

⑤记录事件经过。

（3）平台经理/高级队长

平台经理/高级队长在火灾或爆炸应急处理过程中，应积极配合监督做好具体组织工作，是平台应急小组副组长。

①告诫全体人员危险情况的存在；

②通知所有非必须人员到安全地点集合；

③根据火灾或爆炸的类型和位置，组织、指挥消防队员用适当的消防设备和方法灭火；

④指示报务员保证通信畅通；

⑤通知守护船待命或进行救援；

⑥通知现场医生根据伤病员状况进行抢救治疗；

⑦当火势无法控制时，决定并下达弃船命令，组织所有人员有秩序地撤离；

⑧有直升机飞行时，做好接送机准备工作；

⑨记录事件经过。

（4）守护船船长

①火灾就是命令，一旦得知，立即赶到平台附近待命，需要时，全力以赴投入平台灭火工作；

②随时保持与平台联系，注意观察平台上的情况；

③做好撤离平台人员的准备工作。

（5）平台医生

①确定伤病员状况，进行抢救治疗；

②和基地保持联系，随时报告现场伤病情况；

③确定是否需要医疗援助和伤病员是否需要撤离。

（6）报务员

①根据平台应急小组组长的指令，立即用平台广播向全体人员通报火情，传达施救命令；

②通知守护船待命或施救；

③坚守岗位，保持与应急办公室的联系；

④有直升机飞行时，准确报告天气情况，保持与直升机的通信联络，向平台经理提供直升机到达时间；

⑤做好记录。

（7）全体人员

①一旦发现火灾或爆炸，立即发出警报，同时视情况施救；

②根据统一部署，积极参加救助工作；

③无关人员迅速到指定地点集合待命；

④一旦决定弃船，不要慌乱，按照部署有秩序地撤离。

2. 陆地终端处理厂各岗位职责

（1）火灾或爆炸发现者

①发现火灾或爆炸后立即拉响警报，同时用附近合适的消防设备灭火；

②立即向主要负责人和中控报告事件的位置、类型和程度。

（2）总监/副总监

总监/副总监是现场的甲方代表，对现场全体人员的生命安全、处理厂及设备的安全都应负全责，在火灾或爆炸应急处理过程中担任应急小组组长职务。

①立即确认火灾或爆炸发生的位置、范围及类型并命令灭火；

②向应急办公室值班室报告现场情况；

③确保终端处理厂安全，必要时决定实施火灾应急关断，以减少火灾或爆炸的影响，并及时通知上游海上生产平台和输油码头；

④指挥、协调现场的各项应急和施救工作；

⑤当火势无法控制时，决定并下达人员撤离命令；

⑥确定并报告火灾或爆炸的原因，保护现场，等待专家调查；

⑦记录事件经过。

（3）工艺监督

工艺监督在火灾或爆炸应急处理过程中，应积极配合总监或副总监做好具体组织工作，是应急小组副组长。

①按照总监的指令，指挥生产系统的应急关断；

②通知上游海上生产平台关井、停泵，并通知码头停止输油；

③通知消防队待命或施救；

④根据火灾或爆炸的类型和位置，组织和指挥消防队员用适当的消防设备和方法灭火；

⑤记录事件经过。

（4）安全监督

①现场指挥和组织人员灭火；

②在接到总监有关人员撤离的命令后，组织所有人员有秩序地撤离。

（5）当班工作人员

①按照总监的指令，实施和操作生产系统的应急关断；

②根据应急小组组长的指令，中控人员立即用广播向全体人员通报险情，并

传达灭火和施救命令；

③坚守岗位，保持与应急办公室的联系；

④做好记录。

（6）机械监督/电气监督/仪表监督

①按照总监的指令，配合应急组长组织灭火；

②负责组织对火区、危险物品及贵重物品的抢运隔离；

③负责组织人员救护工作。

（7）医生

①确定伤病员状况，进行抢救治疗；

②和基地保持联系，随时报告现场伤病情况；

③确定是否需要医疗援助和伤病员是否需要撤离。

（二）应急指挥中心的应急工作

1. 应急办公室值班室接到现场报告后，应立即向应急办公室主任（副主任）报告，应急办公室主任应立即向应急指挥中心主任（副主任）报告。

2. 启动应急指挥系统，有关人员到位，进入应急状态：

（1）保持通信联系，随时掌握现场状况和采取的应急措施；

（2）向现场提供消防的技术指导和方案，必要时派出抢险救援小组及专家赶赴现场；

（3）根据现场需要，指令租用船舶（运输船、消防救生船、溢油回收船等）备航待命，并呼叫附近海域的租用船舶全速赶到出事现场，听从现场指挥，全力以赴进行扑救；

（4）安排直升机应急待命或进行急救飞行；

（5）若有伤员，通知医务人员和医疗器械待命或赴现场救治；

（6）根据需要，向全国或天津市海上搜救中心请求支援；

（7）若油罐发生火灾或爆炸，油品外溢造成周围环境污染，执行《溢油应急处理方案》；

（8）根据应急指挥中心主任的指令向上级和政府部门汇报。

3. 火灾或爆炸应急处理工作全部结束后，由应急指挥中心主任下达解除应急状态的命令。

第七节　典型海上石油设施火灾扑救

一、甲板火灾扑救

在海上石油作业过程中，由于输油管破裂或油类溢出时，酿成甲板溢油着火时，应采取以下措施进行扑救：

1. 停止输油，尽快关闭输油管路阀门。

2. 采用围堵、引流等方法，限制着火油品流窜，防止蔓延。

3. 对初期小火可用泡沫灭火器加以覆盖灭火。

4. 也可使用干粉灭火器灭火。从上风方向接近火源喷射，让喷嘴对准火源根部左右横扫，并向前推进，直至将火扑灭。

5. 扑救此类火灾时，如果火灾中有障碍物，应有两人同时进行。两人并排从上风接近，将干粉对准火焰根部，左右横扫并绕过障碍物向两边包抄，先灭掉地板火，然后灭上边的火。

二、溢流火灾

提灭火器从上风方向接近火源，一手按下压把，一手握住喷嘴，对准火源根部左右横扫，先灭地板火，然后顺斜架向上，直至将油桶火扑灭。

三、油柜火灾扑救

提灭火器从上风方向接近火场，一手按下压把；另一只手让喷嘴对准火焰根部喷射。先将柜前地板火灭掉，然后从油柜一侧上下扫射至另一侧，并将后部余火灭掉。

四、立交架滴漏火灾扑救

用干粉灭火器从上风方向接近火源，压下手柄，首先让喷筒对准最低层火焰根部扫射，然后由低向高扑灭余火，最后扑灭燃料滴漏处火焰。

五、输油管线溢油火灾扑救

输油管线因爆裂、管垫损坏而漏油、跑油引起火灾时，如果可能，应该首先关闭输油泵、阀门，停止向着火油管输油，切断油料来源。然后采用围堵、引流等方法，限制着火油品流窜，防止蔓延。在用水冷却油管和邻近油管及设备的同时，可从上风方向用干粉灭火器迅速扑灭火灾，并用泡沫覆盖。

六、油舱火灾

油舱爆炸不仅会伤害到人身、损伤船体和油舱结构，还会破坏输送泡沫、水或惰性气体的总管，给其后灭火带来困难。储油装置由于其结构上的特点，包含有许多单独的油舱，这些油舱是相邻的，以至于一个油舱失火可能很快蔓延到全部油舱。

在含有过浓混合气的油舱里，火只会在混合气和空气之间交接面的外面燃烧，即在油舱开口、油舱盖或油舱范围内的裂缝周围的一些地方燃烧，冒出的火焰如果是橙黄色带黑烟，表示舱内为过浓混合气，火焰不会闪回进入油舱而不会发生爆炸。

如果从舱口冒出的是带有噼啪声的蓝红色几乎无烟的火焰，则表示油舱含有可燃混合气。如果火焰进入油舱，就很可能发生爆炸，所以在这种情况下，人员等应撤离油舱甲板。

尽管有危险和困难，采取适当的措施来控制货油舱里的燃烧是可能的，至少能防止蔓延到没有失火的油舱。

1. 最初的措施

关闭一切人员能接近的油舱开口，关闭放气管路的阀门。充分利用由消防软管喷出的水雾，来保护人员能够接近油舱，以便关闭舱口盖或关闭阀门。

2. 使用泡沫

如果泡沫注入装满或将近装满的油舱，泡沫会有效地覆盖油面的大部分。如果油舱是空的，但有油底脚和油气，注入泡沫除非能盖满全部含油的表面，否则效果是不大的。要做到这点，最好用高倍数泡沫覆盖。

3. 使用惰性气体

在把惰性气体注入货油舱之前，尽可能把甲板上的开口关闭，以防止危险浓度的油气从油舱排出，与已在甲板上的危险油气相混合。向关闭的油舱注入惰性气体不会产生危险的压力，因为它通常都是低压输送的。

4. 沸溢

某些原油和燃料油，油舱内的热波会从燃烧的油面向下传播到舱底。油的这种热波温度可能达到 315 ℃。所以当热波到达舱底，积存在舱底的水就会沸腾起来，这就会从油舱产生水的严重喷发。

热波的传播速度不会超过 1～2 m/h。所以在装满的油舱里着火的初期阶段，无须担心这个问题。但是在接近卸空舱的油舱和污油水舱里，热波在燃烧开始后很快就会到达舱底。

发生沸溢之前，从舱口冒出的火焰一般先会比原来更旺和更亮，延续几分钟。对于油很低的舱或污油水舱，应注意这些预兆，人员应及时躲避。

在沸溢时从油舱喷发燃烧的油，可用泡沫或水雾等适用的灭火剂把它扑灭。

5. 防止复燃

在油舱着火被扑灭以后，而全部热表面还没有冷却下来之前，仍然有复燃的危险，这可能会持续好几个小时。所以消防器具应按情况保持随时可用或继续使用，直到任何地方都不会有复燃的可能为止。

七、机舱火灾

机舱里的大火可能是因油料溢出或泄漏而引起的。虽然手提式灭火器扑灭在地板上易于接近的火是有效的，但是却无法控制在地板下面的和双层底顶部的火。这种火最好是用固定式泡沫灭火系统或水灭火系统来扑灭。在扑救机舱火灾时，灭火人员应该佩戴呼吸器。

如果用固定式泡沫灭火系统或水灭火系统不能控制火灾，或没有安装这类灭火设备，人员应撤离机舱；如果备有二氧化碳就用它注入机舱来灭火。二氧化碳通常只能"一次使用"，也就是说，这种系统一旦启用，二氧化碳就会全部释放分配到失火的舱室，而无法保留供第二次使用。所以应使二氧化碳尽可能发挥灭火效果。为做到这一点，要关闭通往机舱的全部开口并停止机舱的通风风扇。

在释放二氧化碳之前，应发出警报通知人员撤离机舱。听到警报的消防人员应尽快撤离火场。当扑救机舱火灾完成之后，在还没有确认火已经熄灭和机舱已经冷却之前，请不要打开机舱门。

八、泵舱火灾

当泵舱失火时，可用泡沫或水雾灭火。如果救火人员是在舱里工作，即使火势比较小，也必须戴上空气呼吸器。如果火不能用手提式灭火器控制住，必须利用泡沫或二氧化碳等固定式的灭火装置进行扑救。不管使用哪种固定式灭火系统，泵舱门和其他开口都应关闭，通风机的风扇应停止。有的通风系统中的风扇，当灭火系统一旦启用，就会自动停止运转。

如果在泵舱里没有安装固定式灭火装置，或者现有的灭火系统丧失作用，用手提式灭火器或消防软管无法控制火灾时，泵舱应封闭，所用的通风设备应关闭。只要泵舱保持密封，不让空气进入，火最终是会熄灭的。

不但要扑灭火，而且必须防止火蔓延。全部油舱的开口应关闭，如有可能，泵舱前后的油舱应用惰性气体保护。泵舱附近的甲板和上层建筑，应该用固定式喷射器或消防软管喷洒水雾冷却。假如机舱前舱壁和泵舱相邻，应喷洒水雾冷却。当火被扑灭之后，在所有能起作用的部件还没有全部冷却之前，泵舱不可打开，以防止火复燃。这个时间要延续几个小时，如果不遵守这个预防措施，火可能会再燃烧起来。

在火灾扑灭后，人要进入泵舱之前，泵舱应彻底通风，以驱散毒气和烟雾，以保证人进入泵舱内有足够的氧气。在使用窒息气体灭火之后，氧的含量问题尤其重要。

参考资料

蔡钿，林文锦，邵哲平，2011. 海洋石油支持船在海上设施处靠泊作业技术及应用指导书〔M〕. 北京：人民交通出版社.

陈兵，2020. 基本安全——基本急救大连〔M〕. 大连：大连海事大学出版社.

陈秋妹，2012. 船舶保安意识与职责〔M〕. 大连：大连海事大学出版社，北京：人民交通出版社.

杜林海，戴树龙，邹熙康，2020. 基本安全——防火与灭火〔M〕. 大连：大连海事大学出版社.

国际海事组织，1981.1973 年国际防止船舶造成污染公约及其 1978 年议定书〔M〕. 国家船舶检验局，译. 北京：人民交通出版社.

国际海事组织，2010.1978 年海员培训、发证和值班标准国际公约马尼拉修正案〔M〕. 中华人民共和国海事局，译. 大连：大连海事大学出版社.

国际海事组织，2015. 国际海上人命安全公约〔M〕. 综合文本 2014 版. 北京：人民交通出版社.

金奎光，孙健，宋哲，2020. 基本安全——个人求生〔M〕. 大连：大连海事大学出版社.

林文锦，蔡钿，邵哲平，2011. 海洋石油支持船拖航作业技术及应用指导书〔M〕. 北京：人民交通出版社.

林文锦，邵哲平，2011. 海洋石油支持船抛起锚作业技术及应用指导书〔M〕. 北京：人民交通出版社.

戚发勇，曹铮，代俊林，2020. 基本安全——个人安全与社会责任〔M〕. 大连：大连海事大学出版社.

杨东棹，张洪军，宁志和，2019. 直升机甲板接机员培训教材〔M〕. 北京：气象出版社.

杨立军，2018. 海上基本安全知识与应急培训〔M〕. 北京：气象出版社.

张树军，刘键，孟于，2017. 人员应急逃生与急救〔M〕. 北京：气象出版社.

中国船级社，2004. 船舶保安计划编制指南〔M〕. 北京：人民交通出版社.

中国红十字会总会，2015. 救护师资教程（一）救护概论与教学法〔M〕. 北京：人民卫生出版社.

中国红十字会总会，2015. 救护师资教程（二）心肺复苏与创伤救护〔M〕. 北京：人民卫生出版社.

中国红十字会总会，2015. 救护师资教程（三）常见急症与避险逃生〔M〕. 北京：人民卫生出版社.